Wolfgang Krahé
Heinz-Jürgen Weigt

Mein erschöpftes Ich

Burnout – Energieblockaden lösen
und die Lebenskraft wiederfinden

WOLFGANG KRAHÉ & HEINZ J. WEIGT

MEIN ERSCHÖPFTES ICH

BURNOUT – ENERGIEBLOCKADEN LÖSEN
UND DIE LEBENSKRAFT WIEDERFINDEN

Wolfgang Krahé
Heinz-Jürgen Weigt

Mein erschöpftes Ich

*Burnout – Energieblockaden lösen
und die Lebenskraft wiederfinden*

Gestaltung: Kerstin Fiebig | ad department
Lektorat: Dr. Adele Gerdes, Bernadette Langer
Druck & Verarbeitung: Westermann Druck Zwickau

© jkamphausen
in J. Kamphausen Verlag & Distribution GmbH, Bielefeld 2013

www.weltinnenraum.de

1. Auflage 2013

ISBN Printausgabe 978-3-89901-791-5
ISBN eBook 978-3-89901-811-0

Bibliografische Information der Deutschen Nationalbibliothek:
Die Deutsche Nationalbibliothek verzeichnet diese Publikation in der
Deutschen Nationalbibliografie; detaillierte bibliografische Daten sind
im Internet über http://dnb.d-nb.de abrufbar.

Dieses Buch wurde auf 100 % Altpapier gedruckt
und ist alterungsbeständig. Weitere Informationen hierzu
finden Sie unter www.weltinnenraum.de.

Für Katja und Brunhilde

Inhalt

Die Fallgeschichten in diesem Buch sind anonymisiert, verdichtet und modifiziert. Wir haben dafür Sorge getragen, die Identität unserer Freunde und Klienten in den Geschichten gut zu schützen.

Geleitwort

Das Buch von Wolfgang Krahé und Heinz-Jürgen Weigt hat sofort mein Interesse geweckt, und zwar in erster Linie deshalb, weil ich mich selbst seit vielen Jahren mit dem Thema Burnout-Prävention befasse. Die beiden Autoren lokalisieren das Burnout in der Nähe verbreiteter psychischer und psychosomatischer Störungen wie Depression, Angst und Sucht. Burnout-Prävention mit den von ihnen dargestellten Mitteln soll u.a. dazu beitragen, dass es gar nicht zu einer Fehlentwicklung kommt. Sie kann auch dazu beitragen, dass die erwähnten Risiken und Erkrankungen flacher verlaufen oder ganz ausbleiben.

Als Ausgangspunkt wählen Wolfgang Krahé und Heinz-Jürgen Weigt die Sieben Chakren aus der hinduistischen und buddhistischen Gesundheitslehre:

Das Basis-Chakra: Verwurzelung
Das Sexual-Chakra: Vitalität
Das Solar-Plexus-Chakra: Wirksamkeit
Das Herz-Chakra: Begegnung und Liebe
Das Kehl-Chakra: Kommunikation nach innen und außen
Das Stirn-Chakra: Geistige und intuitive Erkenntnis
Das Scheitel-Chakra: Spiritualität

Diese Perspektive ist innerhalb der Burnout-Literatur neu und ungewöhnlich. In der Regel wird in Veröffentlichungen bisher mit Gegenüberstellungen von Stressoren und Salutogenese-Maßnahmen argumentiert.

Dabei werden völlig zu Recht auch soziologische und politologische Perspektiven eingenommen. Es gelingt den Autoren jedoch, etwaige Bedenken von Leserinnen und Lesern auszuräumen, es handele sich bei der Chakren-Lehre um Ergüsse diffuser Mystik oder vage, verstaubte Lehren aus vergangenen Welten. Ihre lebendige, verständliche Sprache und ihre anschaulichen Beispiele aus der gegenwärtigen Gesellschaft machen überzeugend sichtbar, dass das Modell der Sieben Chakren auch bei der aktuellen Burnout-Gefährdung im gegenwärtigen Arbeitsleben zu Klärung, Milderung und Behebung des Leidens beizutragen vermag.

Die Sieben Chakren erörtern sie in den drei darauffolgenden Kapiteln in Form des sogenannten „Drei-Brücken-Modells" in Hinblick auf ihren Beitrag zur Burnout-Prävention der Person.

Die Brücke zu sich selbst
Die Brücke zum Du
Die Brücke zu Gemeinschaft und Gesellschaft

Dieser Aufbau der Argumentation ist schlüssig. Denn so, wie die Burnout-Gefährdung auf diesen drei Ebenen entstehen kann, wird sie über das Brücken-Modell präventiven Interventionen zugänglich. Wir erkennen darin eine Verwandtschaft mit dem Modell des TZI-Paradigmas von Ruth Cohn: Ich, Wir, Thema und Globe. Auch hier besticht der Text der Autoren durch anschauliche Fallbeispiele aus Beratung, Psychotherapie und Alltag, durch einladende Übungen zur eigenen Präventions-Praxis und durch originelle Vergleiche, getragen von einem gütigen, wohlwollenden pointierten Humor.

Wer sich mit dem Begriff „Chakra" und mit den psycho-physiologischen Implikationen des Konzepts nicht verbinden kann, mag sich dennoch den Themen und Lebensmotiven zuwenden, die damit verbunden werden. Dann gewinnt die Chakren-Lehre eine unmittelbare Plausibilität für das eigene Leben:

Wir ringen um eine Grundierung unseres Lebens; wir erleben Schwankungen in unserer Vitalität; wir hadern vielleicht mit unserer begrenzten Wirksamkeit oder müssen sie klug dosieren, wenn sie sehr ausgeprägt ist; wir sehnen uns nach Liebe und können sie geben; unser ganzes Leben ist u.a. Kommunikation; unsere Einsichten finden auf vielen Ebenen statt; schließlich orientieren wir uns an Werten, Sinn und Hoffnung.

Im letzten Kapitel geben die Autoren einen Überblick über psychotherapeutische, medizinische, integrative und spirituelle Zugänge zu Behandlung und Selbst-Behandlung. Sie warnen dabei vor dramatischen Vereinnahmungen, nehmen zu in der Gesellschaft verbreiteten Vorurteilen dezidiert Stellung und betonen die kontinuierliche Wahlfreiheit des Menschen.

Das Buch lädt dazu ein, das eigene Leiden ernst zu nehmen und zu würdigen. Es zeigt heilsame Möglichkeiten der Selbst-Konfrontation auf und beschreibt geeignete Schritte der Selbstkorrektur. Es legt nahe, sich selbst und anderen Personen gegenüber eine Haltung der Liebe zu entwickeln. Ich habe es mit Freude gelesen. Ich wünsche Leserinnen und Lesern, dass sie darin Impulse zur Selbsterkenntnis und zur Gestaltung einer guten Lebensqualität für sich und für andere Menschen finden.

Köln und Bonn, Sommer 2013
Prof. Dr. Jörg Fengler

Einleitung: Noch ein Ratgeberbuch?

Es gibt ein Gefühl, das mehr und mehr um sich greift: das Gefühl, einfach keine Kraft mehr zu haben. Die Alltagsaufgaben, die man gestern noch nebenbei gemeistert hat, erscheinen einem wie unbezwingbare Berge. Man ist zu Tode erschöpft und gleichzeitig ungeheuer angespannt, möchte nur noch schlafen – macht aber nachts kein Auge zu, aus Unruhe und geplagt von Ängsten. Existenzängste, die Furcht vor dem großen Scheitern, davor, dass die eigene Existenz wie ein Kartenhaus zusammenbricht, dass man schamvoll, angesichts der eigenen Fehler, vor den Trümmern seines Lebens steht: nutzlos, einsam und von den wichtigsten Menschen verlassen. Körperliche Schwäche zermürbt einen ebenso wie tiefe Hoffnungslosigkeit. Manchmal sehnt man sich nach dem Tod, nach dem ultimativen Schlaf, der aus all dem erlöst.

Da ist der Angestellte, der sich voll reinhängt, sich bei vierzig Grad Fieber in die Firma schleppt und den dennoch zunehmend die Angst peinigt, es reiche nicht, er sei nicht gut genug, er werde alles verlieren: erst die Arbeitsstelle, dann den Wagen, dann die Frau, dann die Wohnung ... Da ist der mittelständische Unternehmer, der plötzlich überschwemmt wird von den Ängsten, dass er die Liquidität seiner Auftraggeber überschätzt hat, dass seine Rechnungen nicht bezahlt werden, er seine Lieferanten nicht bezahlen kann, der den Konkurs seiner Firma auf sich zurasen sieht wie ein Geisterfahrer den Gegenverkehr. Da ist der Werbefachmann, dem früher die Ideen nur so zuflogen und der nunmehr stumm dasitzt und sich nur noch leer fühlt. Da ist die junge Mutter, die zwei Kinder locker versorgte und nun beim dritten Kind, wenn es nachts schreit, weinend zusammenbricht, sich außerstande sieht aufzustehen – gequält von der Vision, sich oder ihr Kind oder beide zu töten. Vollständige Hoffnungslosigkeit angesichts von Lebensaufgaben, deren Erfüllung doch die eigene Daseinsberechtigung ist: das ist es, was viele Menschen quält. Sicherlich nicht immer hochdramatisch – manchmal spielt es sich ganz unauffällig ab, im Stillen –, doch stets ist es mit viel Leid verbunden, für die Betroffenen und für die Menschen um sie herum: ihre Familie, ihre Freunde. Oft – und das ist ein Teil des Leidvollen – gibt es überhaupt keine rechte Erklärung: Man weiß nicht, woher die eigene Not rührt, man spürt einfach nur, dass es nicht mehr geht, dass man nicht mehr kann: sich nicht mehr freuen kann, keine Zuversicht mehr empfindet, kein Interesse, keine Kraft.

Burnout und Depression – die Krankheiten unserer Zeit

Dieses Buch ist aus der Praxis entstanden. Bei unserer praktischen Arbeit mit Menschen – beispielsweise Menschen, die unter dem leiden, was als Burnout oder als Depression diagnostiziert wird – haben wir die Erfahrung gemacht: Es gibt eine unerschöpfliche Vielfalt an Möglichkeiten. Wir arbeiten tiefenpsychologisch, wir wenden Techniken aus der humanistischen Psychologie, der tiefenpsychologisch fundierten Psychologie und der Verhaltenstherapie an ebenso wie körper- und atemtherapeutische und yogisch-meditative Übungen, und wir haben auch keine Berührungsängste hinsichtlich der medizinisch-pharmakologischen Errungenschaften. Dieser breite, integrative Zugang ist sehr spannend und sehr hilfreich; es ist ein guter Zugang zum Verständnis und zur Behandlung von seelischen Problemen wie Burnout oder Depression – und weit darüber hinaus. Deshalb richtet sich dieses Buch nicht nur an die immer größer werdende Schar von Menschen, die direkt involviert sind in psychisches Leid, in Burnout oder Depression. Sondern es richtet sich an eine breite Leserschaft – an all die, die interessiert sind an psychischen Prozessen und den Möglichkeiten, ihnen auf die Spur zu kommen und sie in gute Richtungen voranzutreiben. Dazu haben wir viel an Erfahrungen machen dürfen in unserer Arbeit, eine Fülle von Erkenntnissen sammeln und eine außerordentliche Breite an Möglichkeiten kennenlernen dürfen. Ihnen, unserer Leserin, unserem Leser, diese Breite so zu vermitteln, dass Sie sowohl in puncto Wissen und genereller Orientierung als auch in puncto Lebenskraft profitieren – und wer von uns möchte das nicht? –, ist das große Anliegen dieses Buches.

Ein konkreter „Anpack" ist dabei das aktuelle Syndrom des Burnouts, neben der Depression die Krankheit unserer Zeit. Am Burnout werden wir die Dinge immer wieder exemplarisch deutlich machen. Der Begriff „Burnout" ist ein sehr gutes Bild, das praktisch sofort jedem einleuchtet. Die Flamme, die einmal brannte, ist erloschen oder vielleicht auch nur zu einem kleinen Flämmchen geworden. Manche Burnout-Therapie lehrt, auf kleiner Flamme weiter zu brennen, andere Verfahren gehen davon aus, dass es gut sein könnte, mit neuem Sauerstoff und vor allem mit neuem Brennstoff wieder zu lodern. Diese Wege sind immer für manche richtig und für andere nicht. Der eine fühlt sich optimal zuhause in einer entschleunigten Welt mit viel Ruhe, und für ihn ist es richtig. Der andere will sich lieber wieder im Feuer der Leidenschaften verzehren, und auch das ist eine akzeptable Lebensweise. Wichtig ist allein die Möglichkeit, die jeweils gute, passende Wahl für sich zu treffen.

Im Grunde gibt es viele Optionen, die Dynamik von Burnout-Phänomenen zu beschreiben. Ein roter Faden ist: Subjektiv erscheint diese Reaktion der Psyche im Bewusstsein des Betroffenen als Mangel an Lebenskraft, Verlust der erlebten Fähigkeiten und Kompetenzen mit Einbuße des Empfindens von Selbstwirksamkeit und der Sicherheit bezüglich des Lebenssinnes. Objektiv ist die energetische Mangelsituation deutlich erkennbar an der lethargischen, pessimistischen und sich verweigernden Haltung des Betroffenen. Ebenfalls objektiv gehen mit Burnout messbare physiologische Veränderungen einher.

Der Kernbereich, auf den es hier ankommt, ist der Bereich der Energie, der Energiefluss. Das ist erst einmal ein vergleichsweise abstrakter, das heißt wenig „greifbarer" Bereich. Will man ihn anschaulich machen, beschreiben und erklären und sich ihm gar mit praktischen Übungen und anderen konkreten Maßnahmen annähern, braucht es sinnfällige Zugänge.

Als für Beschreibungen, Erklärungen und Übungen sehr hilfreich hat sich das plastische und anschauliche Bild der Energiezentren, der sogenannten Chakren, erwiesen. Im Buddhismus/Hinduismus sind Chakren Transformationszentren, in denen die Lebensenergie, der Wirbelsäule nahe, vom Steiß bis zum Scheitel durch einen Kanal durch den Körper fließt und dabei gewandelt wird. Diese Betrachtungsweise hat sich in unserer Arbeit als überaus nützlich erwiesen; beispielsweise sind viele körperliche Symptome und Phänomene, die im Alltag einer psychosomatischen Praxis auftreten, damit gut beschreibbar. Man hat hier einen guten, sinnfälligen und probaten Zugang zu wesentlichen Energie- oder auch Burnout-Aspekten. Dieser Zugang mag für den einen oder anderen unserer Leser unvertraut sein – und vielleicht argwöhnt er an dieser Stelle „religiöse oder ideologische Weichenstellungen". Dem ist ganz sicher nicht so – im Gegenteil. Was unsere Arbeit kennzeichnet, ist gerade der Verzicht auf Ideologien welcher Art auch immer. Es geht uns um Ihre Gesundheit, Ihr Wohlbefinden, Ihr Ausschöpfen des Maximums an Lebenskraft – nicht mehr und nicht weniger. Und hinsichtlich des Zugangs über die Chakren ist festzustellen: In der Begegnung mit vielen Menschen über die Jahre trafen wir keinen, gleich welcher Weltanschauung und Bildung er war, der diesen Zugang nicht hilfreich fand.

Bezogensein: die menschliche Existenz

Was den Menschen ausmacht – was wesentlich ist für sein seelisches Wohlergehen, sein gutes Leben –, ist fassbar über den Begriff „Bezogensein". Es gibt drei existenzielle Dimensionen, die diese Bezogenheit für uns Menschen hat: Erstens ist es die Dimension der Beziehung zum eigenen

Selbst, zweitens ist es die Beziehung zum Anderen und drittens ist es die Beziehung zu dem, was man das Ganze nennen kann. Diese drei Dimsionen sind existenziell für uns Menschen.

Wir erzählen in diesem Buch von unseren Erfahrungen mit dem, was diese Bezogenheiten konkret im Leben eines Menschen bedeuten. Und damit zusammen hängt: wie es kommt, dass heute Erschöpfung, Burnout und Depression so übermächtig sind – und wie dies sich für den Einzelnen anfühlt. Wir skizzieren, auf welche Weise die unterschiedlichen existenziellen Ebenen heute wegbrechen, so dass die „Krankheiten unserer Zeit" mehr und mehr zuschlagen. Und wir gehen den Wegen der Heilung nach; zeichnen die Wege der heilenden Bezugnahme nach.

Ein ganz konkreter Ansatz ist der energetische; ein sinnfälliges Bild ist hier das des Energieflusses. Mit Blick auf die existenziellen Bezogenheiten des Menschen kann man sagen: Seelische Gesundheit hat zu tun mit gutem Energiefluss: zum eigenen Selbst, zum Du, über das Ich und Du hinaus zum Ganzen. Auf diesen unterschiedlichen Daseinsebenen nährt er uns. Anschaulich vorstellen kann man sich hier beispielsweise energetische Brücken, Energiebrücken.

Diesem uns nährenden energetischen Fluss werden wir im Buch ganz konkret nachgehen, und zwar ausgehend von dem Bereich, zu dem jeder von uns jederzeit Zugang hat: ausgehend von dem eigenen Körper. Denn dort beginnt der gute Energiefluss. Wir werden ihm nachgehen, ganz konkret: mit sinnfälligen Bildern und Erklärungen wie beispielsweise mit dem plastischen Instrument der Energiezentren, der Chakren. Und mit konkreten Übungen. Unsere Überzeugung ist: Ein guter Zugang zu den vielfältigen Herausforderungen und Möglichkeiten, mit denen wir es alle in energetischer Hinsicht heute zu tun haben, erfordert sowohl Wissen als auch tägliche Praxis. Dieses Buch beleuchtet durchaus auch fachliche Aspekte. Denn das Bescheidwissen ist wichtig – beispielsweise das Bescheidwissen über die vielen Faktoren, die zum „Strotzen vor Energie" oder vice versa zum Burnout beitragen. Anders gesagt: Die Gedanken sind wichtig, weil es darauf ankommt, zu verstehen. In diesem Sinne werden wir Ihnen erzählen von unserer Arbeit mit Menschen und was sie uns lehrt darüber, was passiert, wenn die Lebensenergie nicht fließt – und vor allem darüber, wie die Lebensenergie wieder zum überbordenden Quell werden kann, der sie ja einmal war. Doch dafür braucht es mehr als bloß die gedankliche Ebene, das logische Verstehen. Deshalb ist dieses Buch auch eine Einladung, sich auf die Erlebnisebene zu begeben: Energie als ein spürbares Phänomen zu erfahren, mit ganz konkreten, praxiserprobten Übungen. Wenn Sie umfassend profitieren möchten von diesem Buch, folgen Sie dieser Einladung, begeben Sie sich auch auf die Erlebnisebene. Dann empfinden Sie Energie als ein spürbares Phänomen und ihre ganz persönlichen Bezüge zu dieser Energie.

Zusammengefasst: Dieses Buch will insofern umfassende Orientierungshilfe sein, als es Theorie und Praxis vermittelt, und zwar sowohl hinsichtlich der Problemursachen als auch hinsichtlich der Lösungen. Es beleuchtet die unterschiedlichen existenziellen Ebenen dessen, was es heißt, heute Mensch zu sein, und von da aus die „Krankheiten unserer Zeit", und es reflektiert die reiche Palette wirksamer Möglichkeiten, sie anzugehen. Die Palette reicht von Maßnahmen, die jeder selbst auf der Stelle und jederzeit in seinem Alltag gut einsetzen kann, bis hin zum umfassenden psychotherapeutischen Herangehen – wobei wir auch hier die Vielfalt der Optionen im Blick haben: Wir gehen auf die Tiefenpsychologie ebenso ein wie auf die Fortschritte der Psychopharmakotherapie und – um ein ganz anderes Beispiel zu nennen – auch auf die Wirkungen von Meditation und Yoga. Gutes Leben resultiert aus Bezogenheit, Beziehung und Begegnung – in drei existenziellen Dimensionen: zu sich selbst, zum Anderen und zum umfassenderen Ganzen. In diesen drei Richtungen gut, intensiv verbunden zu sein ist das Beste, was uns Menschen passieren kann.

Ein ganz konkreter „Anpack" liegt – gerade heute und für jeden – im Zugang über Energiebrücken; diese Energiebrücken auszubauen, zu warten und zu pflegen – dabei will dieses Buch begleiten und „geleiten". Denn hier liegt unsere große Chance darauf, Freude, Liebe, Lust in unserem Leben zu haben. Anders gesagt, die Chance auf unser Geburtsrecht: das Leben zu genießen und sich immer wieder neu von ihm bezaubern und verzaubern zu lassen, geerdet in einem guten Fundament aus Verantwortung und Mitgefühl, für uns selbst, für den Anderen und für die Welt.

Dabei, diese Chance auf unser Geburtsrecht wahrzunehmen, können wir alle jede Unterstützung gebrauchen. Und eine solche Unterstützung will dieses Buch sein. Ohne jeden Anspruch darauf, irgendwelche Wahrheiten zu verkünden – weder psychologische noch spirituelle, weder religiöse noch politische. Alles was wir wollen, ist: Sie auf Ihrem Weg unterstützen.

„... zu Tode erschöpft"

Am Anfang psychischer Krisen steht häufig eine Art von Abwärtsspirale. Sie kann beispielsweise so aussehen, dass man im Laufe der Nacht erwacht und von einer starken inneren Unruhe geradezu überschwemmt wird. Was tagsüber Sorge macht, aber durch Aktivität noch in Schach gehalten werden kann, erscheint in diesen Nachtstunden als die unmittelbar bevorstehende Katastrophe: Die Firma ist dem Untergang geweiht, die Ehe steht vor dem Aus, Arbeitslosigkeit und Zum-Sozialfall-Werden wirken wahrscheinlicher als alles andere, die unheilbare Krankheit brütet schon im Körper – überschwemmt von Adrenalin liegt man stundenlang wach; am Tage ist man zu Tode erschöpft.

Durch die fehlende Erholung entsteht ein Teufelskreis: Die Kräfte schwinden immer mehr, und damit lässt die Fähigkeit nach, dem wachsenden Druck innerer Ängste einen Schutzwall gesunder Verdrängung oder auch Kompensation entgegenzusetzen und so die Realität auszuhalten. Tagsüber fühlt man sich immer schwächer, ängstlicher, erlebt sein Leben oder das seiner Liebsten als bedroht, im gesundheitlichen wie auch im beruflichen und im sozialen Bereich. Versuche, diesen Angstpegel durch Sport, Alkohol, Computerspiel oder was auch immer im Zaum zu halten, sind immer weniger erfolgreich.

Jeder, der durch eine solche Abwärtsspirale gegangen ist, berichtet davon, dass ein sehr enger Zusammenhang besteht zwischen Schlafmangel und der Macht von Ängsten und Depressionen. Wenn dieser Zustand anhält, mündet er oftmals in etwas, das in der beruflichen Welt Burnout genannt wird und weitgehend identisch ist mit dem, was einen Psychiater bzw. einen Psychotherapeuten dazu veranlasst, eine Depression zu diagnostizieren.

Das Burnout: ein komplexes Geschehen

Befindet ein Mensch sich in einer solchen Abwärtsspirale, ist ein relativ verbreiteter Automatismus die Suche nach Verantwortlichen: Die erschöpfte und verunsicherte Seele versucht, einen Schuldigen auszumachen, in der – zumeist unbewussten – Hoffnung, den Beschuldigten gleichsam „an die Wand zu stellen" werde das eigene innere Gleichgewicht und damit die innere Ruhe wiederherstellen: „Die ständigen Umstrukturierungsprozesse haben mich meine ganze Kraft gekostet." „Keine Wertschätzung durch die Vorgesetzten, dazu die Missachtung der Kollegen, und außerdem diese ganze IT-Geschichte, welche die Leute verdummt ... all das ist schuld an meinem Kollaps." „Nach 20 Jahren mit dieser unkooperativen Frau bin ich ein seelisches Wrack." „Und jetzt auch noch die drohende Arbeitslosigkeit bei den Hypotheken ... ich bin innerlich tot."

Eine Geschichte, die den Kranken zum Opfer der Umstände macht, gibt es gerade in Burnout-Situationen oft. Oder auch eine Geschichte darüber, warum trotz so viel Engagement und gutem Willen der Zusammenbruch nicht zu vermeiden war. Dazu zwei wichtige Punkte: Erstens gilt es stets, der Unerträglichkeit spezifischer Lebenssituationen und dem menschlichen Leid mit Respekt zu begegnen. Zweitens darf darüber jedoch nicht vergessen werden, dass wesentliche Ursachen gerade von Burnout-Phänomenen oft in viel, viel früheren Lebensphasen zu suchen sind. Man könnte sagen, irgendein Krug im Leben eines betroffenen Menschen wurde so lange zum Brunnen getragen, bis er brach. Weniger poetisch gesprochen: Die Belastbarkeit der wesentlichen Ich-Strukturen dieses Menschen hatte immer schon Grenzen; jahrelang hat es aber gereicht, waren die Ich-Strukturen tragfähig genug, um den Ansprüchen des Lebens gerecht zu werden – und nun reicht es eben nicht mehr. Das ist nicht im Geringsten wertend gemeint. Jede Kultur braucht beispielsweise Menschen mit vergleichsweise starren, rigiden Ich-Strukturen, die dadurch oft belastbarer sind als andere, und sie braucht außerdem empfindsamere Menschen, die auf schwache Reize sensitiv reagieren, durch starke indes aus der Bahn geworfen werden können. Man denke beispielsweise an das Schicksal berühmter Musiker wie Janis Joplin, Amy Winehouse oder Kurt Cobain, deren empfindsame Seele damit überfordert war, Künstler zu sein in einer Welt, die geprägt ist von permanenter Überstimulation, sei es durch Aufputschmittel oder durch Fans, und durch eine gnadenlose Musikindustrie.

Wesentlich für seelisches Wohlergehen ist, dass jeder Mensch an einem Platz lebt, der seinem Wesen gerecht wird. Plakativ gesagt: Ein Stemmeisen ist in der Uhrmacherwerkstatt in der Regel ebenso wenig hilfreich wie der feine Mikroschraubendreher des Uhrmachers im Straßenbau. Andererseits gilt: Die Dinge ändern sich. Die menschliche Psyche, die Persönlichkeitsstrukturen unterliegen im Laufe des Lebens Veränderungen, und häufig sind es gerade bestimmte Schwellensituationen, und zwar solche, in denen die Identität sich wandelt, in denen diese Strukturen herausgefordert werden und die Gefahr besteht, dass sie zusammenbrechen. Grundsätzlich ist man immer gut beraten, wenn man eine seelische Krise wie etwa Burnout als ein Element einer zumeist langen, also weit zurückreichenden Geschichte betrachtet.

Peter lerne ich kennen, als er nicht mehr arbeiten kann, dazu wortwörtlich nicht mehr in der Lage ist: Er ist außerstande, seinen Computer zu starten. Panik, tiefste Verzweiflung überschwemmt ihn, wenn er sich an seinen Schreibtisch setzt und sein Tagwerk beginnen will, also den Rechner hochfahren und das CAD-Programm starten, mit dem er arbeitet. Panik und tiefste Verzweiflung, oder, anders gesagt, sein psychischer Zusammenbruch, als Burnout diagnostiziert, bringt uns beide zusammen: den Psychotherapeuten und den Maschinenbauer. Gemeinsam rekonstruieren wir, peu à peu, die Geschichte, die ihn schließlich an diesen Punkt brachte. Peters lange Geschichte seines Burnouts:

Peter ist einer dieser auf den ersten Blick eher unauffälligen, ruhigen, klugen, gewissenhaften Menschen; seine verantwortungsvolle Arbeit war eigentlich von Anfang an genau das Richtige für ihn. „Sicherheitsaspekte und Risikominimierung bei Industrieanlagen" war sein Arbeitsschwerpunkt, und darin war er wirklich gut. Sicherheitsbedacht und technikbegeistert war er schon von klein auf gewesen. So liefen die Dinge für ihn ganz passabel, gut zwanzig Jahre lang, beruflich und auch privat. Er hatte eine Arbeit, die ihm lag, führte eine solide Ehe, hatte zwei wohlgeratene Kinder und ein schönes Zuhause. Doch dann, mit Ende vierzig, passierte etwas, das zeigte, wie fragil dieses Leben war: Im Rahmen betrieblicher Umstrukturierungen bekam er die betriebsbedingte Kündigung. An diesem Punkt zeigte sich ein erster Riss im Gebäude seines Lebens – genauer gesagt, im Fundament. Nicht, dass er seine Arbeitsstelle wechseln musste, war dafür verantwortlich, sondern etwas tiefer Liegendes: Sicherheit war für Peter nicht nur hinsichtlich Industrieanlagen ein zentrales Anliegen gewesen, sondern auch, und zwar ihm gänzlich unbewusst, in seinen ganz persönlichen Bedürfnissen. „Sicherheit oder Absturz" lautete Peters ganz persönliches Programm, von ihm selbst unbemerkt, zeitlebens. Das A und O für Peters psychische Stabilität war die Sicherheit eines ungefährdeten Arbeitsplatzes bei immer demselben Arbeitgeber. Als er nun die Stelle verlor, wurde diese Stabilität das erste Mal erschüttert. Jahrzehntealte Versagensängste, bislang gut abgekapselt durch „Sicherheitspuffer", wurden jäh spürbar, wenn auch zunächst nur ganz kurz. Denn Peter war ein guter Maschinenbauer und fand schnell eine neue Stelle, allerdings in einer anderen Stadt.

Man versuchte zunächst eine Montag-bis-Freitag-Lösung, bei der Peter unter der Woche ein Zimmer in der anderen Stadt nahm und am Wochenende heimfuhr. Doch dabei ging es ihm sehr schlecht; die Einsamkeit am Abend setzte ihm zu. Und da die Kinder mittlerweile groß waren und von daheim ausgezogen, wurde das Eigenheim verkauft, und das Paar zog ganz um in die neue Stadt. Und da begannen sie größer und sichtbar zu werden, die Risse im Fundament von Peters Lebensgebäude. Die Ehe veränderte sich: Das Paar lebte nun in vergleichsweise beengten Wohnverhältnissen statt in einem geräumigen Eigenheim, und das ohne sein gewohntes soziales Netz. Spannungen begannen, die Beziehung zu belasten. Und allmählich begann seine Ehe, statt ihm Sicherheit zu geben, Peter zunehmend zu verunsichern; immer weniger war sie die Ressource, die er brauchte, um seine tiefen unbewussten Ängste zu kompensieren. Und das schlug sich in seiner Arbeit nieder. Zunächst fiel Peter nur auf, dass er in seine Konstruktionen immer mehr Kontroll- und Sicherheitsmechanismen einbaute. Es war, als wolle er in der Stabilität seiner Anlagen die wachsende Instabilität seines Erlebens kompensieren. Aber natürlich blieb, trotz aller Bemühungen, immer noch das allem menschlichen Tun innewohnende Restrisiko eines Fehlers. Und dieses Restrisiko trieb Peter mehr und mehr um; die Vorstellung eines Fehlers, einer Panne, eines daraus resultierenden Unfalls begann ihn zu verfolgen; sie wurde zu seinem ganz persönlichen Albtraum. Seine Arbeit richtete sich mehr und mehr daran aus: Was ihm früher leicht von der Hand ging, wurde aufgrund akribischer Fehlersuche immer zeitaufwändiger und anstrengender, ohne dass diese Fehlersuchen ihn irgendwie wirklich beruhigt hätten. Im Gegenteil: Er bekam regelrecht Angst vor der Arbeit; diese Angst wuchs und wuchs, bis hin zu tiefer Verzweiflung und Panik. Bis hin zum Moment des Zusammenbruchs.

Was hier beschrieben wird, ist ein Dekompensationsprozess – und zwar in diesem Fall ein relativ komplexer Prozess, bei dem viele Faktoren mit hineinspielen: Arbeitsplatzwechsel, der Auszug der erwachsenen Kinder, Umzug, die Verunsicherung und Entwurzelung der Ehefrau, wodurch auch in der Beziehung weniger Trost und Geborgenheit möglich sind. Und auch ganz anders gelagerte Faktoren spielen eine große Rolle. Beispielsweise wird Peter älter; das ist eine biologische Größe, die etwa auf den Hormonhaushalt gravierenden Einfluss haben kann, wodurch möglicherweise bestimmte Hormone als sogenannter Treibstoffe der Seele in geringerem Maße zur Verfügung stehen. Das destabilisiert normalerweise die biologische Angstabwehr, was wiederum nicht selten ein Phänomen begünstigt, das wir eigentlich alle kennen: Es taucht in verschiedensten Situationen auf, und ein treffender Begriff ist „Endspurtangst".

Diese Endspurtangst geht z. B. mit folgender Phantasie einher: „Jetzt hast du schon lange Glück gehabt. Du weißt, dass du nicht unfehlbar bist, und du hast auch schon viele andere Menschen scheitern sehen, weil sie Fehler gemacht haben. Wenn du es jetzt noch schaffst, die letzten drei oder vier Jahre durchzuhalten, auch wenn es immer schwerer wird, dann kannst du endlich durchatmen. Aber wehe, du zeigst Schwäche oder machst einen Fehler, dann war alles umsonst." Genau diese Angst, noch auf der Zielgeraden zu scheitern oder zu straucheln, erzeugt bei vielen einen so hohen Druck, dass sie nicht mehr weiter können. Dabei ist es gleichgültig, ob es sich um kurz- oder langfristige Dinge handelt. Man kann diese Endspurtangst beim Abiturienten kurz vor der Abschlussprüfung sehen ebenso wie beim älteren Arbeitnehmer kurz vor der Rente, beim Manager kurz vor Abschluss eines Großprojekts und ebenso beim Liebhaber, der kurz vorm Orgasmus seine Erektion verliert.

Ausbrennen im Stillstand

Es gibt ein weit verbreitetes Missverständnis, wonach Burnout vornehmlich zu tun habe mit zu viel Arbeit, zu viel Stress, zu hohen Leistungsanforderungen. Oft haben seelische Störungen jedoch mit etwas ganz anderem zu tun. Dann kommen Menschen in die psychotherapeutische Praxis in einem Zustand völliger Energielosigkeit, und bei der Anamnese stellt sich dann heraus, dass es keineswegs das Übermaß an täglicher Arbeit ist, dass ihre Energie versiegen lässt, sondern die grundsätzliche Lebenssituation, die geprägt ist von einem Gefühl der Leere und des Ausgebremstseins und vom Fehlen irgendeiner konstruktiven Perspektive.

Diese Menschen erinnern manchmal an einen Baumstamm, der lange im Wasser treibt und sich im Fluss der Existenz in Richtung auf die Mündung ins Meer bewegt. Dann tritt ein Ereignis ein, das den Stamm aus seiner gewohnten Bahn vertreibt, und irgendwie gerät er in ein neben dem Fluss liegendes Altwasser. Die Hoffnung, das Meer zu sehen, ist dahin, allenfalls kommt noch genug Strömungsenergie im Altwasser an, so dass der Stamm sich im Kreise dreht, doch die Hoffnung, sich in den Fluss des Lebens zurückzubegeben, ist dahin. Was bleibt, ist allenfalls die Hoffnung auf ein Hochwasser oder ein anderes heftiges Naturereignis.

Zynischerweise bekommen diese Menschen oft zu hören: „Was willst du denn eigentlich? Sei doch nicht so undankbar. Du hast ein schönes Haus, eine sichere Arbeitsstelle, deine Ehe ist okay und mit deinen Kindern ist auch alles gut gelaufen." Dem kann man dann oft, zumindest auf den ersten Blick, nicht widersprechen – und so bleibt dann gerade darum die Verzweiflung der Betroffenen ungehört.

Im falschen Leben

Er hatte sein Ingenieurstudium absolviert, weil er die Phantasie hatte, Architekt zu werden, Häuser zu bauen, an der frischen Luft zu sein, mit seinen Kunden kreative Gespräche zu führen und als ein geachteter Experte am prallen Leben teilzuhaben. Jetzt war er zwar Bauingenieur, doch seine Laufbahn hatte ihn in ein Amt geführt, in dem geografische Daten digitalisiert, sprich: in Computer eingegeben wurden. Jetzt ging er jeden Morgen in seine Behörde, durchquerte zwei Flure, erreichte sein Einzelzimmer, in das der Bote kurz nach Dienstbeginn die Daten lieferte, die er an diesem Tag in den Computer einzugeben hatte. Die Eingabe dieser Daten wurde schließlich zum einzigen, immer wiederkehrenden beruflichen Inhalt.

In den benachbarten Zimmern saßen Beamte, die ähnliche Aufgaben hatten. Eine Teamkultur gab es nicht. Er war allein. Allein mit einer Aufgabe, die ihn tödlich langweilte. Die zeitliche Perspektive bis zur

Pensionierung betrug fünfzehn Jahre. Nach der Arbeit ging er nach Hause in eine Wohnung, aus der die Freude endgültig ausgezogen war, als sein jüngster Sohn das Studium in einer anderen Stadt aufgenommen hatte. Seine Frau empfing ihn meist in gereizter Verfassung, weil er aus ihrer Sicht nicht ausreichend im Haushalt mithalf. Auch sie war überfordert von seinem Leiden an der absoluten beruflichen Ödnis, und sie war angewidert davon, dass er zusehends ein alter Mann wurde, der verbittert und negativ die Welt erlebte, als sei die Hölle seines Alltags die ganze Wahrheit. Von Beruf Kinderkrankenschwester, wandte sie sich schließlich mehr und mehr ab, floh vor ihm und seiner Depression in ihre Arbeit und in ehrenamtliches Engagement.

Zunehmend spürte er, wie seine Kräfte ihn verließen. Anfangs hatte er noch um Versetzung gerungen, war dabei zurückgewiesen worden, und inzwischen fühlte er sich gar nicht mehr stark genug, sich in ein anderes berufliches Feld einzuarbeiten. Er war im Job allein, und er war zu Hause allein. In beiden Feldern gab es keinerlei Anerkennung. Er wusste, dass er nicht mehr geliebt wurde. Selbst ein Tier anzuschaffen, um ein wenig Lachen in sein Leben zu bringen, lehnte seine Frau mit der Begründung ab, sie sei keinesfalls bereit, zu all dem Dreck, den er in ihr Leben bringe, auch noch den seines Hundes zu entsorgen. Er begann zu trinken, wurde depressiv bis zur Handlungsunfähigkeit, und schließlich trat aus der Sicht seiner Frau die Katastrophe ein: Er wurde frühpensioniert und hing nunmehr sieben Tage die Woche, 24 Stunden am Tag, zu Hause herum, ohne irgendeinen Bezug zu irgendetwas Positivem zu finden. Kurz nach seiner Pensionierung entwickelte sie ein Karzinom, er pflegte sie sechs Jahre, dann starb sie. Die beiden Söhne brachten ihn in ein Altersheim.

Wir sprachen mit Kollegen und Supervisoren über ihn. Vermutlich gibt es keinen Gedanken, den wir nicht gemeinsam diskutiert haben. Und wir sind sicher: Er hatte keine reale Chance.

Was diese Geschichte zeigt, ist: Nicht alles ist machbar. Gerade in einer Zeit, in der von vielen Seiten der Anspruch erhoben wird, zu kämpfen, Leistung zu erbringen, um jeden Preis durchzuhalten, ist es wichtig, festzustellen: Es gibt tatsächlich Konstellationen der Ausweglosigkeit. Menschen in ausweglosen Situationen empfinden es als zynisch, wenn wohlmeinende Mitmenschen, oft im Sinne einer Abwehr ihrer eigenen Angst vor Hilflosigkeit, die objektive Hoffnungslosigkeit verleugnen und behaupten, es werde schon konstruktive Lösungen geben. Tatsache ist, dass es diese Lösungen manchmal nicht gibt.

Der Untergang als Lösung?

Vielen Geschichten ist gemeinsam, dass ihre Lösung der Untergang ist. Da ist die Frau, deren Mann an Alzheimer erkrankt und die einfach weiß: „Wenn du ihn nicht verlässt – und dies verbietet die Liebe, und du könntest es auch nicht, sonst hättest du ewig Schuldgefühle ... – wenn du ihn nicht verlässt, dann wirst du diesen Menschen an deiner Seite auf einem jahrelangen Weg begleiten, der zu permanenter Verschlechterung führt. Irgendwann wird er dich nicht einmal mehr erkennen, und doch bleibst du an ihn gebunden, mindestens so lange, bis deine Kräfte so weit versagen, dass du nicht mehr anders kannst, als ihn in ein Heim zu geben." Selbst dann fragen sich Angehörige immer wieder: „Hab ich genug getan, war ich lieblos?" Die Mischung aus Schuldgefühl, Hoffnungs- und Hilflosigkeit erlangt sehr häufig das Ausmaß einer schweren Traumatisierung.

In manchen Geschichten ist es der Tod, der die Lösung bringt. Andere Stillstände erlösen sich in der Trennung oder in der Insolvenz. Es ist manchmal schon eindrucksvoll zu sehen, wie unendlich erleichtert Menschen sein können, wenn endlich das passiert, was sie jahrzehntelang verhindern wollten. Der Mann, dessen jahrelanger massiver Bluthochdruck sich augenblicklich korrigiert, nachdem er seine Frau verlassen hat. Die Frau, die voll Freude, mit glücklichem Gesicht, sagt, sie finde jetzt, wo ihre Insolvenz genehmigt sei, endlich wieder Ruhe.

Der Brückenschlag zu einem Menschen kann unter den Vorzeichen der Ausweglosigkeit nur darin bestehen, die Situation nicht zu verleugnen und den Menschen in dieser Situation anzunehmen. Es gilt zunächst einmal die simple Regel, dass es so ist, wie es ist. Und dass Begegnung nur dann zur Ressource wird, wenn die Realität, wie immer sie sei, respektiert wird.

Sehr berühren kann in dieser Hinsicht die Kommunikation mit Todgeweihten, die stets erneut deutlich macht, wie ungeheuer es erleichtern kann, aus der existenziellen Situation der Verleugnung herauszutreten und der schrecklichen und unvermeidlichen Situation der eigenen Endlichkeit mit einem tragfähigen, authentischen Gegenüber gemeinsam ins Gesicht zu blicken.

Bezogensein
Die existenziellen Bezüge des Menschen

Seelisches Wohlergehen und ein gutes Leben? Es hat vor allem zu tun mit dem, was den Menschen existenziell ausmacht: seinem Bezogensein. Dabei gibt es, allgemein besehen, drei existenzielle Dimensionen, die dieses Bezogensein für uns Menschen hat: Erstens ist es die Dimension der Beziehung zum eigenen Selbst, zweitens ist es die Beziehung zum Du, und drittens ist es die Beziehung zu dem, was man das Ganze nennen kann. Diese drei Dimensionen sind existenziell für uns Menschen.

Der erste existenzielle Bezug ist der Bezug nach innen. Im Bild einer Brücke betrachtet: Die erste Brücke ist die nach innen, wo es um die Verbindung zum eigenen Wesenskern geht, d.h., es geht um die Frage, wie ein Mensch in seinem alltäglichen Leben das Gefühl hat, mit sich selbst identisch und verbunden zu sein: wie weit er von der Sicherheit getragen wird, wirklich von innen heraus, aus sich selbst heraus, zu entscheiden und zu handeln, oder wie weit er von sich selbst abgelenkt ist, sich womöglich selbst vergessen hat.

Der zweite existenzielle Bezug oder, anders betrachtet, die zweite energetische Brücke ist die Brücke zum Du; sie steht für die Verbundenheit mit dem Gegenüber. Sie baut auf der ersten Brücke auf. Das höchste Maß an Verwirklichung in der Begegnung mit dem Du ist dann gegeben, wenn Sie sich aus Ihrem Wesenskern heraus dem Gegenüber zuwenden und mit ihm in eine Begegnung eintreten, die auch seinen Wesenskern berührt. Sicher haben Sie Situationen erlebt, in denen Sie spüren konnten, dass Ihr inneres Wesen mit dem Gegenüber in einen tiefen existenziellen Austausch tritt.

Schließlich gibt es noch eine dritte existenzielle Dimension: das Bezogensein auf ein umfassenderes Ganzes. Dieses größere Ganze kann die Familie sein, die Firma, das Dorf oder der Stadtteil, in dem ich lebe, die Peergroup, die Zivilgesellschaft, die Menschheit, die Natur, die Erde oder gar das Universum, der Kosmos. Glück empfinden heißt unter diesem Aspekt, die Verbindung zu spüren sowohl zu mir selbst als zu den anderen Wesen – das müssen nicht unbedingt Menschen sein; auch mit Tieren, Pflanzen ... kann man sich auf diese Art verbunden fühlen. Vom Erleben her wandelt sich das Erlebnis von der Begegnung mit sich selbst über die Begegnung mit dem Du hin zu einer allgemeinen Verbundenheit mit dem Umfassenderen. Ich fühle mich als Teil eines Ganzen und bin bezogen auf die anderen Elemente des Ganzen. Und dieses Ganze kann im Einzelfall völlig unterschiedlich sein. Wichtig ist, dass Menschen ihre persönliche Welt haben, in der sie sich zu Hause fühlen, und zwar, weil sich in dieser Welt die Lebensenergie so konkretisiert, wie es ihrem Vermögen, ihre Welt zu begreifen, entspricht.

Im Grunde wird hier ein Kontinuum deutlich, das sich zwischen zwei Polen aufspannt. Der eine Pol ist das ganz Konkrete, Faktische, Begrenzte – es geht nur um Dich und mich oder auch nur um mich und darum, was ich tun muss, um zu überleben. Der andere Pol ist das Umfassende, die Weite, das die konkrete Situation Überschreitende – quasi das „Transzendierende". Unser Erleben oszilliert zwischen diesen beiden Polen. Wenn ein sehr konkret erlebender Mensch verzweifelt, kann es ihm enorm helfen, zu spüren, dass es etwas gibt, das größer ist als er, das über ihn hinausgeht und aus dessen Perspektive seine Probleme zum einen in Relation gesetzt und zum anderen relativiert werden.

Die Gruppenerfahrung, die viele beispielsweise einer Selbsthilfegruppe verdanken, dass andere dieselben leidvollen Erfahrungen machen wie man selbst, ist eine solche Erfahrung. Und andererseits gehört auch das Schlüsselerlebnis hierher, dass man seine kleine Welt verlassen kann, um anderswo Besseres zu finden. Eine Bauerstochter, die – unter vielen

Schmerzen – erkennt, dass sie ihre kaltherzige Mutter und ihren brutalen Vater verlassen kann und jenseits der Hoftür eine Welt existiert, die weit friedvoller und vor allem liebevoller ist als die Hölle daheim. Und umgekehrt braucht die Sorge um ein großes Ganzes stets auch die Sorge um das konkrete Hier und Jetzt, die Sorge um das Selbst – sonst verkommt sie zur selbstverleugnerischen „Luftnummer".

Ohne Bezogensein – „... in der Hölle"

Gut nachvollziehen lassen sich die drei Dimensionen des menschlichen Bezogenseins am konkreten Fall der Ausweglosigkeit. Zweifelsohne gibt es sehr schlimme und in gewisser Hinsicht eben ausweglose Situationen – beispielsweise eine unheilbare Krankheit –, und dass ein Mensch in einer solchen Situation gegebenenfalls zutiefst unglücklich ist, liegt auf der Hand. Und doch gibt es Menschen, die in einer solchen Situation in ihrer Kraft bleiben, während andere im Burnout verglimmen.

Ein sinnfälliges Bild zur Erläuterung dieses Unterschieds ist das der Brücke, des Brückenbauens. Mit Blick auf die drei Dimensionen des menschlichen Bezogenseins kann man sagen: In-der-Kraft-Bleiben beruht auf guten, tragfähigen Brücken: zum eigenen Selbst, zum Du, über das Ich und Du hinaus zum Ganzen. Wenn diese Brücken brechen, ist eine Situation nicht nur ausweglos, sondern die Hölle. Eine Hölle des Burnouts oder der Depression beispielsweise.

Dass die erste Brücke, die nach innen, zum Selbst, bricht, zeigt sich in vielen Fällen durch Leugnung. Dieses Leugnen hat unendlich viele Spielweisen. Gemeinsam ist ihnen allen die Orientierung wider besseres Wissen um die Wahrheit. Vielleicht sieht das so aus, dass ich mir selbst eine Geschichte erzähle: die Story von dem Wunderheiler in den Karpaten, der alles wendet, die Story von der Hellseherin, die meinen Dämonen die Schwärze nimmt. Die Story von Gott, der eines Tages alles wundersam richten wird. Oder, wenn ich Unternehmer bin und eigentlich Konkurs anmelden müsste: die Story vom Sohn, der nach Hause kommt und das

Schiff wieder flott macht, oder die Story vom neuen Produkt, das die Firma saniert. Das sind Geschichten, die trösten – was grundsätzlich nicht das Schlechteste ist. Doch es sind auch Geschichten, die schwächen. Große Anteile der eigenen Kraft gehen auf diese Art dem realen Alltag verloren und werden investiert in Illusionen. Der Preis, den wir für diese Art von Trost zahlen, ist, dass damit die letzte Kraft, die etwas wandeln könnte, verlorenzugehen droht.

Die zweite Brücke, die Brücke zum Du, bricht oft aufgrund der – leider vielfach nicht ganz unberechtigten – Annahme, der andere werde überfordert durch das Entsetzliche der Situation. „Gerade die wenigen Menschen, die mir noch verblieben sind, muss ich schonen, sonst werden sie, wenn ich Glück habe, dreimal mit mir weinen und sich dann nie wieder melden. Besser also, ich mache mir selbst und der Welt weis, ich hätte alles im Griff." Eine tragfähige Brücke zum Du würde bedeuten, berechtigterweise darauf zu vertrauen, dass der andere den Blick auf das Leid aushält.

Auch die dritte Brücke, die Brücke zum Ganzen, bricht oft in solchen Situationen. Sich der Not eines Menschen in einer hoffnungslosen Situation zu stellen, statt sich auf die Suche nach Rechtfertigungen, Schuldigen, illusionären Rettungen zu begeben – damit sind beispielsweise heutige Gesellschaften mehr und mehr überfordert. Immer öfter bleibt der Blick in die Augen des Leidenden aus, so dass dieser sich schließlich resigniert in eine innere Isolation zurückzieht.

Wenn alle drei Brücken brechen, bedeutet dies: Ich selbst kann mich nicht ertragen, weil der Schmerz zu groß ist, ich tröste mich mit Illusionen (Bruch der ersten Brücke). Die Brücke zum Du bricht, weil kein Gegenüber mich ertragen kann in meiner Not bzw. ich es keinem zutraue (Bruch der zweiten Brücke). Die dritte Brücke bricht, weil ich die Erfahrung mache, in meiner Not tatsächlich nirgends Gehör zu finden, in die Einsamkeit und Isolation zu geraten. Wenn diese drei Brücken brechen, ist man, sagen manche, in der Hölle.

„... in der Hölle"

Alles ist gut. Job, Familie ... alles stimmt. Vor vier Wochen wurde Max geboren, und nun sind wir also zu viert. Lilly, unsere Ältere, ist drei. Ein kleiner munterer Sonnenschein ist sie. Monatelang hat sie sich auf das Brüderchen gefreut, und nun ist sie selig. Etwas erschöpft jetzt, wie wir alle etwas erschöpft sind, so ist das nun mal, wenn ein Neugeborenes in der Familie ist. Erschöpft, aber glücklich. So geht es uns vieren. Wir surfen auf der perfekten Welle.

Und dann der Einbruch, bei der U3, der dritten Vorsorgeuntersuchung von Max. Wir sind zu viert hingefahren, Lilly und Max und meine Frau und ich. Max ist kerngesund, so der Arzt. Und da Lilly nun mal dabei ist, guckt er sie sich auch kurz an. Und dann ...

„Diabetes mellitus", sagte er. „Und die Werte sind katastrophal. Sofort ins Krankenhaus mit ihr!" Wie in Trance fuhr ich meine kleine Familie zum Kinderkrankenhaus. Gerade mal vier Wochen war es her, dass hier mein Sohn zu Welt gekommen war. Und jetzt ... „Familienzimmer, richten Sie sich auf einen längeren Aufenthalt ein", hieß es. „Mindestens vier Wochen." Also fuhr ich nach Hause und packte die Sachen für meine Frau und die beiden Kinder, auch wie in Trance. Nachbarn, die mich sahen, meinten später, ich sei wie ein Schlafwandler durch die Siedlung gelaufen. Und dann ging ich mit den eingepackten Sachen nicht direkt ins Krankenhaus, sondern zur ersten Sitzung des Elternbeirates des Kindergartens meiner Tochter. Ich wurde zum Vorsitzenden gewählt. Vor dem Lokal stand mein Auto, gepackt mit Sachen für die Klinik. Die anderen Eltern merkten erst nach einiger Zeit, dass ich mental gar nicht da war, und als sie nachfragten und ich sagte, was passiert war, schickten sie mich auf der Stelle ins Krankenhaus. Dort fragte mich meine Frau, wo ich so lange geblieben sei. Ich wusste es nicht mehr.

Ab da funktionierten wir beide, meine Frau und ich, nur noch automatisch. Mit einem Säugling an der Brust und einem zuckerkranken Kind, das 24 Stunden am Tag beaufsichtigt werden musste. Ich weiß noch, einmal rief das Krankenhaus an, weil meine Frau nur noch schrie und sie nicht mehr wussten, was sie tun sollten. Als ich dort ankam, hatte sie den Sohn an der Brust, und die Tochter spielte mit anderen Kindern im Wartezimmer „Mensch ärgere Dich nicht". Vor meiner Frau lag ein Buch: „Spätschäden bei zuckerkranken Kindern". Man hatte es ihr gegeben, um ihr deutlich zu machen, wie wichtig es ist, auf die pünktlichen Insulingaben und die richtige Zusammensetzung der Nahrung zu achten. Es waren wirklich sehr detaillierte Fotos von blinden Kindern, Kindern mit Gefäßschäden usw. abgebildet. In diesem Moment, mit diesem Buch vor sich, in diesem Krankenhaus, war der Schmerz zu groß. Fühlte sich meine Frau, glaube ich, in der Hölle. In einer Hölle ohne Ausgang. Sie sah jedenfalls keinen. Ich glaube, das Einzige, was sie vorm Durchdrehen bewahrte, war die Verantwortung für den Säugling an ihrer Brust. Ich tat, was ich konnte. Ließ Karrierechancen aus, war möglichst viel bei meiner Familie, um ihr im Alltag beizustehen.

Die Krankenhauskultur war eine rein fachbezogene. Ein Fachbuch über Spätschäden, eine Ermahnung der Ernährungsberatung, die Kohlenhydrate, Eiweiße und Fette, den Ernährungsplan zu hundert Prozent umzusetzen, allen Urin aufzufangen, zu wiegen, zu testen, Listen auszufüllen, und das Schlimmste: das Kind zu stechen. Verletzen musste ich mein Kind mehrmals täglich, in die Finger pieksen, um Blut zu testen, und mindestens dreimal am Tag eine Spritze geben. Es gibt bei so einem kleinen Kind nach einigen Wochen keine Stelle an den Fingern mehr und keine an Oberschenkel und Bauch, wo ich nicht schon ein Loch hineingepikst hatte. Noch heute dreißig Jahre später, schreie ich vor Schmerzen, laufen ungehemmt meine Tränen, wenn ich mich in diese Hölle zurückerinnere.

Und dann, eines Tages, sagte meine Tochter: „Papa, warum weinst du? Mir tut es doch weh beim Spritzen." Und da sah ich den Ausgang aus der Hölle, den sie mir zeigte. Ja, es war ihr Diabetes. Ich war doch gesund! Es war, um im Bild zu bleiben, ihre Hölle. Und ich? Statt ihr da heraus-

zuhelfen, hatte ich mich einfach dazugesetzt in ihre Hölle. Anstatt zu erkennen, dass ich intelligent genug war, die intellektuelle Anforderung dieser Krankheit zu meistern, dass ich die finanziellen und sozialen Rahmenbedingungen, die so ein Kind braucht, schon längst auf den Weg gebracht hatte, war ich in die innere Verzweiflung gegangen. Da sagt das kleine Kind zu mir: „Es sind meine Schmerzen, erkenne das bitte an, Papa." Die Botschaft war klar: „Wenn ich ihr Leid zu meinem mache, kann ich für meine Tochter nicht mehr der Ausgang aus dieser Hölle sein."

Und dann geschah etwas mit mir. Ich gründete mit anderen Eltern eine Initiative, um die sozial-medizinischen Aspekte dieser Krankheit besser zu verstehen. Statt über die Gesundheitsmaschinerie zu klagen, die diese Aspekte nur mangelhaft abdecken konnte, schufen wir eine Kultur des Begreifens, des Leidaustauschens, der Beziehungen. „Die Betroffenheit in Energie umwandeln", unter dieser Überschrift schrieb ich einen Artikel für unsere Tageszeitung. Teilweise nahmen bis zu 60 Familien an unseren Treffen teil. Die Kleinen sahen, wie auch andere Kinder gestochen wurden, und kamen so aus der Hölle ihrer Einsamkeit. Aber nicht nur die Kinder, auch die Eltern. Selbst Jahrzehnte später trägt alle diese Eltern eine tiefe Verbundenheit. Sie haben damals durch Begegnung untereinander eine Kultur, ein Umfeld für die kranken Kinder geschaffen, die Heilung ermöglicht hat.

Diese Geschichte einer jungen Familie erzählt vom Unterschied zwischen Bezugslosigkeit und Bezogenheit: In die heile kleine Welt schlägt der Blitz der schweren Erkrankung; alle drei Bezugsdimensionen bzw. Brücken werden nun erschüttert: die Brücke zum Ich, die Brücke zum Du und die Brücke zum umfassenden Wir auf gesellschaftlicher Ebene.

Heilung heißt in diesem Fall: Kein Kind ist in der Hölle geblieben. Sie müssen zwar auch als Erwachsene heute noch mit der Krankheit leben, aber nicht mehr in einer Hölle der Einsamkeit, der Unverbundenheit, mit traumatisierten Eltern; und einer Gesellschaft, die dazu tendiert, sie als behindert auszugrenzen, haben sie nun tragende Gruppenzusammenhänge entgegenzusetzen.

Es bleibt dabei: Aus der Hölle gibt es keinen Notausgang. Die Hölle hat ein Recht darauf, anerkannt zu sein. Das ist das Allererste. Unsere einzige Chance besteht darin, unser Leben auch in der Hölle anzunehmen. Wenn uns das gelingt, dann kommt es zur Wandlung. Und mit dieser Wandlung erschließt sich die Perspektive auf ein neues Leben. In diesem Sinne kann man sagen – und darin mag für manche verzweifelten Menschen ein wahrer Trost liegen: Die Gegenwart ist in der Zukunft geborgen.

Der Bezug zum Selbst

Für den einen oder anderen mag es zunächst befremdlich klingen, und er wird fragen: „Mit wem soll man denn verbunden sein, wenn nicht mit sich selbst. Das ist doch selbstverständlich." Unbestreitbar ist aber doch, dass alle Menschen sich auf eine sehr persönliche Art und Weise darin unterscheiden, wie liebevoll oder kritisch, wie unterstützend oder zerstörerisch sie mit sich selbst umgehen – wie also die Beziehung zu sich selbst ist und ob eine Beziehung zum eigenen Selbst überhaupt besteht oder ob dem vielmehr ein Scheinselbst, eine Scheinidentität im Wege steht.

In seinem Buch „Der Verrat am Selbst" beschreibt Arno Gruen zwei Arten von Autonomie, die zu unterscheiden bei diesem Thema sehr nützlich ist.[1] Zum einen gibt es, so Gruen, die primäre Autonomie: Beim Eintritt in das Leben ist der Mensch mit einem wachstumsfähigen seelischen Potential ausgestattet. Er trägt die Möglichkeit in sich, innerlich mit seinen Gedanken und Gefühlen verbunden zu sein. Um zu einer integrierten Person zu wachsen, ist es notwendig, dass seine Mitwelt in bestimmter Weise mit ihm in Kontakt tritt. Er beeinflusst sie aktiv, um sie zu jenen Reizen zu bewegen, die ihm die Gefühle ermöglichen, nach denen er sich sehnt, um zu wachsen. In einer achtsamen und liebenden Umgebung werden sich die Eltern auf diesen Prozess einschwingen und dem Kind so ermöglichen, seine primäre Autonomie, die seiner wahren Natur – mit der es geboren wurde – entspricht, zu entwickeln.

Außerdem gibt es, so Gruen, die sekundäre Autonomie. Sie wurzelt darin, dass die Mitwelt dem Kind mit mangelnder Einfühlsamkeit

---

[1] Arno Gruen, „Der Verrat am Selbst. Die Angst vor Autonomie bei Mann und Frau".

begegnet und ihm seine Entwicklung unter Ausübung von Macht vorschreibt. Das Kind erlebt in dieser Situation tiefe Gefühle der Hilflosigkeit, die von den Erwachsenen mit jener Verachtung beantwortet werden, welche die Erwachsenen ihrer eigenen Hilflosigkeit und Schwäche gegenüber empfinden. Viele Kinder geraten in dieser Situation der Hilflosigkeit und fehlenden Empathie so sehr unter Druck, dass sie den Bezug zu ihrer eigenen natürlichen Autonomie verlieren und lernen, sich für ihre eigene Schwäche und Hilflosigkeit zu verachten und zu hassen. Sie überwinden ihre eigene Not, indem sie sich mit ihren Peinigern – Erwachsene, Umwelt, Kultur – identifizieren, deren Ansprüche und Deutungen übernehmen und im Gegenzug die Machtmittel für sich beanspruchen, die einst dazu dienten, sie zu knechten. Das Kernziel der Begegnung wandelt sich von der tiefen Sehnsucht nach Liebe zur Ausübung von Macht und Einfluss. Ironischerweise erlebt sich das Ich im Augenblick der Machtausübung als autonomes Ich. Der Mensch vergisst, dass unter diesem pseudo-autonomen Selbst sein wahres, liebendes, primäres, autonomes Ich verschüttet ist. Oft unterliegt er für viele Jahre oder gar bis zu seinem Lebensende einem Irrtum über sich selbst. Der Bezug nach innen ist so weitgehend verloren gegangen, dass mancher gar nicht mehr zu wissen scheint, wer er im tiefsten Inneren eigentlich ist und worum es ihm eigentlich geht. Manch einer schuftet ein Leben lang, bis zur völligen Erschöpfung, um seinen materiellen Wohlstand zu mehren – er weiß einfach nicht mehr, dass es ihm eigentlich um Liebe geht. Mancher strebt ein Leben lang nach Anerkennung und Bestätigung von Vorgesetzten oder Kunden oder Fans in der Hoffnung, die Wunde zu heilen, die ihm einst der lieblose Vater schlug, indem er klarmachte: „Deine Existenzberechtigung hängt einzig und allein von deiner Leistung ab."

Was seine Kindheit betrifft, kann Hans sich in erster Linie an eines erinnern: Arbeit. Seine Eltern hatten eine große Bäckerei, um die sich für sie alles drehte, der alles, aber auch alles untergeordnet wurde. Sieben Tage die Woche, 24 Stunden pro Tag war man offen für die Ansprüche der Kunden. Die Kinder wurden mit drakonischer Strenge dazu erzogen, im elterlichen Unternehmen zu funktionieren. Wer das schaffte, hatte seine Ruhe, wer schwächelte, riskierte Schläge. Es gab keine Zärtlichkeit, keine Nähe. Was zählte, war Nützlichkeit.

An viel mehr kann Hans sich in Bezug auf seine Kindheit und Jugend nicht erinnern. Insbesondere gibt es keine Erinnerung an Beziehungen, weder in der Familie noch zu Freunden. Hochintelligent wie er war, verbrachte Hans eine Jugend als Einserschüler, studierte dann Physik, promovierte brillant und fand dennoch an der Universität keine Ruhe, da ihn die Trägheit des Wissenschaftsbetriebs zur Verzweiflung brachte. Er brauchte Tempo. Für ein paar Jahre befriedigte ihn der Thrill als Investmentbanker. Er wurde reich.

Dann wurde er fünfzig, und die Dämonen kamen aus ihren Gräbern. All die Einsamkeit, all die Enttäuschung, all die Sehnsucht, die er sich nie eingestanden hatte, und all die Angst drangen mit Macht in sein Bewusstsein. Und schließlich zwang ihn das Burnout, endlich innezuhalten. Das war dann der Punkt, an dem wir uns kennenlernten. Und im Schutz einer tragfähigen therapeutischen Beziehung machte Hans sich daran, Schritt für Schritt die Erinnerung an jenen Menschen, der er immer war, aber nie sein durfte, wiederzufinden: „Fünfzig Jahre habe ich auf meine Zerstörung verwandt, die nächsten Jahrzehnte geht es um mein Gesundwerden."

Was diese Geschichte zeigt, ist, dass der Abbruch der Verbindung zum wahren Selbst in manchen Fällen nicht mit einem Mangel an Energie einhergeht, sondern mit fehlgeleiteter Energie. Die Lebensenergie ist gewissermaßen in der Lage, sich einen Umgehungskreislauf in eine Scheinidentität zu bahnen. Gerade weil eine wahre Befriedigung in einer Scheinidentität nicht möglich ist, kann dabei die Lebensenergie exzessive

Ausmaße erreichen und dabei helfen, Außergewöhnliches zu erreichen. Eine Hoffnung auf Glück bleibt dabei jedoch fast immer unerfüllt. Eine solche Pseudoidentität kann jemanden zum Erlangen von Reichtum, Ruhm oder hohem sozialem Status antreiben – ohne letztendlich zu befriedigen; irgendwann bricht ein Mensch zumeist seelisch zu seiner eigenen Bedürftigkeit durch, oftmals krisenhaft. In diesem Sinne ist eine echte Gemeinsamkeit vieler Burnout-Prozesse darin zu sehen, dass ein Mensch all seine Kraft einsetzt, um ein Ziel zu erreichen, mit dem er nicht wirklich verbunden ist. Diese Unverbundenheit führt dann dazu, dass seine innere Energiequelle sich nicht regenerieren kann im Gefühl echter Befriedigung.

Dazu, der eigenen Wahrheit auf die Spur zu kommen, Bezug zum eigenen Selbst herzustellen – die Brücke zum Selbst herzustellen –, sind die Chakren ein ausgezeichnetes Instrument. Mit ihnen lassen sich die unterschiedlichen Ebenen dieser Brücke beschreiben und erklären – und, last but not least, in konkreten praktischen Übungen erspüren.

Plastisch, anschaulich und sehr hilfreich: die Chakren

Will man die menschliche Existenz in ihren wesentlichen Bezügen ganz konkret und sinnfällig veranschaulichen, ist der Begriff der Lebensenergie hilfreich. Wohl jeder von uns kennt Momente, in denen er ganz sicher fühlt, dass eine solche Energie existiert. Glück kann man vielleicht beschreiben als jenen Zustand, in dem man diese Energie bewusst spürt, und zwar als Verbindendes. Diese Verbindung besteht dann zum eigenen Selbst, zum anderen und/oder zu etwas Größerem, das man eben beispielsweise als „Wir" oder „Ganzes" bezeichnen kann. Als für Beschreibungen, Erklärungen und Übungen sehr hilfreich hat sich das plastische und anschauliche Bild der Energiezentren, der sogenannten Chakren, erwiesen. Es ist eine Denkfigur, die ursprünglich aus dem östlichen Denken – Buddhismus/Hinduismus – stammt, die mehr und mehr auch im westlichen Denken Einzug hält und die sich insbesondere in der psychotherapeutischen Arbeit als sehr brauchbar erwiesen hat: Viele körperliche Symptome und Phänomene, die im Alltag einer psychosomatischen Praxis auftreten, sind damit gut beschreibbar und auch angehbar. Man hat hier einen sinnfälligen und probaten Zugang zu wesentlichen Energie- oder auch Burnout-Aspekten – und zwar, ohne dass man sich „religiöses, ideologisches oder esoterisches Gepäck" aufladen müsste.

Im Grundsatz stellt man sich – vereinfacht gesagt – ein feinstoffliches, d. h. physikalisch nicht nachweisbares Energieleit- und Transformationssystem vor: eine Art von Kanal, der vom Steiß bis zum Scheitel reicht und durch den die Lebensenergie fließt, wobei sie in mehreren Zentren in der weiter unten dargestellten Weise gewandelt wird. Diese Transformationszentren sind die Chakren. Man unterscheidet sieben Haupt-Chakren; sie liegen übereinander:

1. Unten am Beginn dieses Kanals, der auch anschaulich die „innere Flöte" genannt wird, liegt das Basis-Chakra, auch Beckenboden- oder Wurzel-Chakra. Stichworte: Verwurzelung, existenzielle Basis, Urvertrauen, Erdung.

2. Etwas darüber, auf der Höhe von Schambein bzw. Gebärmutter, folgt das Sexual-Chakra oder auch Sakral- bzw. Kreuzbein-Chakra. Stichworte: Eros, Hingabe ans Leben, lustvolle Zugewandtheit, Vitalität.

3. Zwischen Brustbein und Nabel liegt das Solarplexus-Chakra. Stichworte: Kraft, Selbstvertrauen, Wirkmächtigkeit.

4. Es folgt in Höhe des Herzens das Herz-Chakra. Stichworte: Gefühle wie z.B. Trauer, Sehnsucht, Schmerz, Liebe.

5. Darüber liegt in der Kehle das Kehl-Chakra. Stichworte: Sitz der Stimme, Selbstausdruck, Kommunikation mit dem Innen und dem Außen.

6. Über der Nasenwurzel liegt das Dritte Auge. Stichworte: Geist, Erkenntnis, Intuition, Vision.

7. Schließlich liegt am höchsten Punkt des Kopfes das Scheitel-Chakra oder auch Kronen-Chakra. Stichworte: Weiterentwicklung, seelisch-spirituelles Wachstum, „Transzendenz".

Wie wir im weiteren Verlauf des Buches wiederholt veranschaulichen werden, kann die Analyse der Situation in den einzelnen Chakren und die Arbeit daran den Energiefluss in diesen Zentren zu verbessern, in eindrucksvoller Weise Störungsbilder erklären und diese manchmal unmittelbar auflösen. Ein guter energetischer Flow durch diese ganze innere Flöte und auf allen Chakren-Ebenen ist sicher ein unwiderlegbares Zeichen seelischer, in der Regel auch körperlicher Gesundheit.

Die psychotherapeutische wie auch die beratende und die Coaching-Arbeit wie auch die Selbsterforschung und die Arbeit jedes einzelnen Menschen an sich selbst kann vom Einsatz dieses Instrumentes ausgezeichnet profitieren; einige der interessanten „Profitmöglichkeiten" beleuchten wir nun, wenn wir die existenziellen Bezogenheiten des Menschen energetisch-integrativ betrachten: den Bezug zu sich selbst, zum Du und zum Ganzen.

Das folgende Kapitel widmet sich der ersten erwähnten Brücke, nämlich jener zum eigenen Selbst.

Die Basis: das Wurzel-Chakra

Dieses Chakra, Wurzel- oder auch Basis-Chakra genannt, kann lokalisiert werden im untersten Bereich des Unterleibes, am Perineum, zwischen Anus und Genitalien. Körperübungen identifizieren es häufig mit dem Beckenboden, also dem Muskelbereich, den man beispielsweise anspannt, um das Wasserlassen zu stoppen.[2]

Dieses Basis-Chakra wird allgemein psycho-physiologisch assoziiert mit Erdung, Verwurzelung, Urvertrauen. Mit der Basis der Existenz. Sich selbst spüren – hier fängt es an. Man kann es sich vorstellen, wenn man heftig mit den Füssen aufstampft und dabei schreit: „Ich bin da!" Kämpfer tun dieses, aber auch Tiere. Wir sahen eine kleine Katze, die dieses energische Aufstampfen mit den Hinterläufen so beherrschte, dass sie einen großen Hund damit beeindruckte und vertrieb. Charakteristisch für die Energie dieses Chakras sind beispielsweise sehr rhythmische Tänze, etwa

---

2) Zur genauen Lokalisierung siehe Literatur zum Beckenboden-Training, z. B. Benita Cantieni, „Tigerfeeling").

der afrikanische Tanz und ähnliche Eingeborenentänze; hier wird die Beckenbodenmuskulatur offensichtlich „in Bewegung entspannt", im Gegensatz zum klassischen Ballett, dessen Tanzfiguren oft nur mit einer hohen Anspannung in diesem Bereich möglich sind.

Tiefe Klänge und spürbare Rhythmen sind es auch, die gerade Jugendliche in der Musik – etwa Rock, Punk, Heavy Metal, Techno – suchen, um Verbundenheit mit sich selbst und dem Dasein in ihr Leben zu bringen. Die Musik der verschiedenen Jugendkulturen ist in dieser Hinsicht sehr machtvoll, besteht sie doch aus Klängen und Rhythmen, die es erlauben, das Basis-Chakra buchstäblich zu spüren. Jugendliche und junge Erwachsenen haben es oft noch nicht geschafft, einen positiven Zugang zu ihrem Leben zu finden, also die innere Brücke zu sich selbst kraftvoll begehbar zu machen. Musik mit tiefen Klängen und spürbaren Rhythmen stellt dann gerade auch in Gemeinschaft, in Rockkonzerten und auf Festivals oder in Clubs, für viele eine vorübergehende identitätsstiftende Brücke dar, über die sie gehen können, um als Menschen zu reifen und um in gewisser Weise gemeinsam Heilung zu finden. Ein gutes Beispiel für die Heilung des Basis-Chakras in der Jugendkultur sind manche Rockfestivals. Wir haben bei einigen Jugendlichen miterleben dürfen, welch konstruktive Prozesse in dieser Jugendkultur stattfinden. Oft helfen sie einem unreifen Ich, zu Kraft und Identität zu finden.

Bei seinem ersten Festival in Wacken sei er versunken in Hilflosigkeit und Einsamkeit, erzählt Sebastian. Er habe ja niemanden gekannt, und extrem schüchtern sei er ja außerdem gewesen. Doch dann habe er einfach getanzt. Und irgendwann, nachdem er stundenlang getanzt habe zu dieser irre lauten Musik, in diesem Wahnsinnsgedränge, sei er völlig nassgeschwitzt gewesen, und es habe sich okay angefühlt. Und seitdem gehe er öfter raus, auf Konzerte, zum Abrocken. Nach Wacken sei er im Jahr darauf wieder gefahren, und es sei fantastisch gewesen. Wirklich irre gut. Und dieses Jahr nehme er seine Freundin dahin mit. Sie sei noch nie auf einem Festival gewesen, aber er werde sich gut um sie kümmern. Während Sebastian mir gegenübersitzt und mir das erzählt, denke ich, wie gut er sich gemacht hat. Wie eindrucksvoll es ist, zu sehen, wie er gewachsen ist, innerlich und äußerlich. Seine wachsende seelische Stärke sieht man ihm auch an. Und ich kann mir gut vorstellen, dass er auf Grundlage dieser Kraft eine gute Verbundenheit mit den anderen Festivalteilnehmern erlebt. Und dass er jetzt auch soweit ist, Verantwortung für andere Menschen zu übernehmen, beispielsweise seine Freundin.

Im Bild der Brücke betrachtet: Sebastian hat seine Brücke nach innen gut etabliert durch die Stärkung seiner Basis, durch das Sich-Erden, wobei ihm die Musik half. Und schließlich war die Brücke stark genug, über das Innen hinauszugehen und ein real existierendes Du energetisch einzubeziehen.

Bei manchen Menschen ist die Brücke zum eignen Selbst bis hinunter in jene basalen seelischen Bereiche, die mit dem bloßen Spüren der eigenen Existenz verknüpft sind, unterbrochen. Nicht selten ist das genau der Grund, weshalb Menschen sich selbst blutende Wunden, Schnitte, Verbrennungen zufügen. Dies ist manchmal der einzige ihnen zur Verfügung stehende Weg, zumindest für die Dauer des Schmerzes, die eigene Existenz zu spüren – und so die panische Angst zu lindern, die durch das Gefühl des Unverbunden-Seins entsteht.

Das Basis-Chakra ist das Chakra, welches grundlegend für alle weiteren Prozesse ist. Die darüberliegenden Chakren bedürfen dieser basalen Energie. Den Boden unter den Füßen zu spüren ist sozusagen das unabdingbare Fundament der menschlichen Existenz. Burnout geht beispielsweise oftmals einher mit Erschütterungen und Schwächungen im Basis-Chakra – jemand hat buchstäblich „den Boden unter den Füßen verloren".

Eine Stärkung dieses Basis-Chakras zielt sinnvollerweise darauf, ein Gefühl der existenziellen Verankerung – der Bodenhaftung z. B. in dem Sinne, dass gespürt wird, wie die Erde einen trägt – zu wecken und zu intensivieren.

Übung · Basis-Chakra: „Lockerung und Verwurzelung"

• Suchen Sie sich einen Zeitpunkt und einen Ort, wo Sie für etwa 5 bis 10 Minuten ungestört bleiben.

• Stellen Sie sich, ohne Schuhe, auf einen behaglichen Boden: einen Teppich, eine Decke oder Ähnliches.

• Stehen Sie aufrecht, in den Knien locker, die Füße etwa hüftweit auseinander.

• Beginnen Sie, mit den Fersen auf- und ab zu wippen. Die Fußspitzen bleiben in Kontakt mit dem Boden.

• Spüren Sie, wie die Vibration die Beine hinaufströmt zum Becken. Diese Übung wirkt lockernd und erdend, stärkt die Brücke zum Selbst dank gespürter Verankerung im Lebensgrund.

• Wenn Ihnen danach ist, machen Sie es mit Musikbegleitung, mit einer „rhythm-and-drums"-Musik: tiefe Tonlage, hörbare Rhythmen. Gehen Sie dabei ganz nach Ihrem Geschmack: Rock, Pop, Dub, Techno ...

• Wenn Sie mögen, kommen Sie dabei ins Tanzen.

• Beenden Sie die Übung nach einigen Minuten, indem Sie langsam zur Ruhe kommen. Bleiben Sie einige ruhige Atemzüge lang in der Ausgangposition stehen und spüren Sie den Veränderungen nach.

Lustvolle Hinwendung zum Leben: das Sexual-Chakra

Das zweite Chakra ist das Sexual-Chakra, auch Sakral-Chakra genannt wegen seiner Nähe zum Kreuzbein. Anatomisch liegt es kurz über dem Schambein, im Inneren des Unterleibes.

Eros ist es, um den es hier geht, dessen psychische Energie fachsprachlich auch als Libido bezeichnet wird. Das ist wichtig: Die Energie des

Sexual-Chakras meint keineswegs nur Sex im rein körperlichen Sinne, sondern Libido im Sinne der lustvollen Hinwendung zum Leben. Impliziert ist hier alles, was auf Lustgewinn abzielt; beispielsweise körperlicher Kontakt, Essen, Bewegung, Freude …

Neben dem im Basis-Chakra lokalisierten existenziellen Verwurzeltsein ist die sexuelle Erfahrungsdimension die zweite wichtige Kraftquelle des menschlichen Bezugs auf das Selbst; grundlegend ist auf dieser Ebene für das menschliche Selbst-Erleben, sich als geschlechtliches Wesen zu fühlen, als Mann oder als Frau, für sich selbst und im Bezug zu anderen, in den Zuschreibungen der anderen. Anders gesagt: Basal ist hier die Erfahrung sexueller Identität. Ein Mensch, der seine sexuelle Identität nicht fühlen kann, profitiert bestenfalls gering, häufig aber gar nicht von Sexualität als Kraftquelle. Traditionellerweise hat jedoch die Sexualität, gerade in der westlichen Welt, erhebliche Dämonisierung erfahren, und insofern ist es logisch, dass viele Menschen den Bezug zu dieser Kraft als beängstigend und leidvoll erleben und daher versuchen, die Brücke zu ihrer Sexualität zu unterbrechen, sich von der sexuellen Erlebnisfähigkeit abzuschotten. Für Frauen kam, aufgrund der traditionellen Rollenzuschreibungen bzw. Frauenbilder, noch hinzu, dass Frausein normalerweise auch hieß, von wesentlichen gesellschaftlichen Möglichkeiten ausgeschlossen zu sein. Das ermutigte sicherlich nicht zum Ausbau der inneren Brücke zur Geschlechtlichkeit.

Zu den beunruhigendsten Entwicklungen der letzten Jahre gehört es außerdem, dass eine Vielzahl von jungen Menschen offensichtlich den Bezug, also die Brücke, zu ihrer Sexualität verloren bzw. gar nicht erst entwickelt haben. Es fehlen erstens die positiven, glaubhaften und kraftvollen Identifikationsfiguren: starke, ihrer selbst bewusste Frauen und Männer, Mütter und Väter. Und es kommt zweitens, aller multimedialen Sexualisierung unserer Welt zum Trotz, nicht zu nährenden sexuellen Begegnungen mit sich selbst oder einem Du. Denn der entscheidende Punkt ist, dass Sexualität in aller Regel ein Gegenüber braucht.

Das Gegenüber kann man selbst sein oder auch der Partner – wesentlich ist, dass dieses Gegenüber erlebbar und wichtig genug ist, um Energie fließen zu lassen. Heute verliert Sexualität in vielen Fällen dadurch ihren nährenden Charakter, dass der Aspekt der Begegnung mit einem Gegenüber in den Hintergrund tritt. Das kann viele verschiedene Spielweisen haben. Selbst wenn Sex kurzfristig befriedigt, belässt er den Menschen – und insbesondere den Heranwachsenden – in seiner Isolation, was eine fatale Weichenstellung ist. Und umgekehrt: Unter der Voraussetzung einer spürbaren Begegnung mit sich selbst und einem anderen, wenn wir beim Sex also schaffen, persönlich zu werden, kann Sex eine der wirksamsten Therapien sein, die es gibt.

Die Sexualität ist eine machtvolle Kraft – eine der wesentlichen Kraftquellen der Menschen, ein fundamentaler Aspekt der emotionalen Ernährung. Jeder, der die tief befriedigende sexuelle Erfahrung kennt, weiß, wie kraftvoll und selbstbewusst sie macht. Bei Burnout-Betroffenen beispielsweise ist die Sexualität zumeist in der einen oder anderen Richtung beeinträchtigt – entweder keine oder aber häufig wechselnde Partner, also eine promiskuitive Sexualität. Beiden Spielweisen ist die Abwesenheit einer klar erlebbaren Beziehung zu sich selbst und meist auch zum Sexualpartner gemeinsam.

Wie schon gesagt: Die kraftspendende lustvolle Hinwendung zum Leben, um die es in energetischer Hinsicht beim Sexual-Chakra geht, muss nicht eindeutig sexueller Art sein. Die Energie, um die es hier geht, ist eine mächtige Kraft, die mit aktivem – d. h. im nichtmoralischen Sinne aggressivem –, fruchtbarem, lustvollem In-der-Welt-Sein zu tun hat – mit der Hingabe ans Leben. Für Burnout-Kranke öffnet sich genau hier nicht selten ein wichtiger Heilungsweg. Was ihnen hilft, ist eine neue Aufgabe, die sie wirklich erfüllt. Funktionslust ist beispielsweise ein in diesem Zusammenhang hilfreicher Begriff. Burnout tritt im professionellen Feld so gut wie nie auf, wenn es um eine Aufgabe geht, mit der man weder gravierend unter- noch dramatisch überfordert ist und mit der man sich voll identifizieren kann. Arbeitserfolg kann in einem solchen Setting – und erst recht in einem gut kooperierenden Team – durchaus ein Gefühl auslösen, das die Dimension eines Orgasmus hat.

Übung · Sexual-Chakra: „Swingendes Becken"

• Suchen Sie sich einen Zeitpunkt und einen Ort, wo Sie für etwa 5 bis 8 Minuten ungestört bleiben.

• Stehen Sie aufrecht, in den Knien locker, die Füße etwa hüftweit auseinander.

• Beugen Sie die Knie leicht, bleiben dabei locker.

• Legen sie eine Handfläche auf den Unterbauch.

• Legen Sie die andere Handfläche auf das Kreuzbein.

• Nun kippen Sie behutsam, im ruhigen Atemrhythmus, das Becken nach vorn und nach hinten.

• Atmen Sie durch die Nase ein und durch den Mund aus.

• Wenn Sie mögen, machen Sie beim Ausatmen Geräusche, Töne – wonach immer Ihnen ist.

• Beenden Sie die Übung, wann Sie mögen, mit einigen ruhigen Atemzügen. Abschließend bleiben Sie einige Atemzüge lang in der Ausgangposition stehen und spüren den Veränderungen nach.

Das Kraftzentrum: das Solarplexus-Chakra

Das Solarplexus-Chakra liegt an jener Stelle im Körper zwischen Brustbein und Nabel, zwischen dem zwölften Brust- und dem ersten Lendenwirbel, wo sich, anatomisch betrachtet, das Sonnengeflecht befindet, ein dichtes Geflecht von verschiedensten Nervenfasern.

In psycho-physiologischer Hinsicht korreliert dieser Bereich mit dem Selbstwertgefühl – mit Willen, Kraft, Lebensmut, Wirkmächtigkeit. „Solarplexus" bedeutet „Sonnengeflecht" – Menschen, die hier gut verbunden sind, haben strahlende Präsenz, die spürbar, sicher und lustvoll ist. Hier spüren wir wohliges Sattsein und Selbstsicherheit – oder auch Wut im Bauch. Mit diesem Chakra hat zu tun, ob wir wagen, mit unserer Energie nach außen zu gehen, oder ob wir im Innen bleiben. Haltungen wie Dominanz und Unterwerfung, die Erfahrung von Wirkmächtigkeit wie von Machtlosigkeit, von Ohnmacht werden diesem Chakra zugeordnet.

Heftige Affekte werden im Bauch verortet – „Wut im Bauch" – und können explosiv, wie bei einem Vulkanausbruch, an die Oberfläche durchbrechen; im Bauch speichert sich z.B. der Zorn über Enttäuschungen und Kränkungen. Von hier aus geht die Kraft in die Fäuste. Schreie brechen nach außen. Viele Menschen spüren geradezu Mordlust, wenn sie wagen, sich diesen Kräften zu öffnen.

Seelische Störungen berühren, vor allem im Falle von Burnout, massiv diesen Bereich des Selbstwertgefühls, der identitätsstiftenden Lebenskraft. Besonders solche Burnout-Betroffene, deren Hintergrundkonflikt mit Missachtung, Kränkung, Unterdrückung bis hin zu Knechtung zu tun hat, machen eine Phase der Verbitterung durch, bevor sie in die Energielosigkeit hinein resignieren. Mobbing-Situationen beispielsweise, zu denen es in diesem Kontext häufig kommt, erzeugen tiefe Gefühle fehlender Selbstwirksamkeit, Hilflosigkeit und Ohnmacht, nicht selten begleitet von Phantasien des lauten, vielleicht gewalttätigen Zurückschlagens. All das nicht mehr zu fühlen, also der Abbruch der Beziehung nach innen, wird zu einer Überlebenstechnik, die es vorübergehend erlaubt, das Unerträgliche zu ertragen. Natürlich ist die damit verbundene innere Wahrheit durch diese Strategie nicht veränderbar, ja, man kann sagen, sie sucht sich ihren Weg. Hass, Wut, Zorn, Verzweiflung und Angst werden oft projiziert und prägen so schließlich auch die Physiognomie der Welt, in der der Mensch sich befindet. Unsere inneren Dämonen erscheinen in den Gesichtern der Anderen, von denen man sich dann verfolgt fühlt. Stark vereinfacht könnte man diesen Prozess zum Beispiel in manchen Mobbingsituationen so beschreiben, dass der Betroffene unbewusst seine Mitmenschen dazu verführt, ihm anzutun, wovon er tief innen glaubt, dass es ihm recht geschieht, angesichts dessen, dass er dieses, was ihn quält, am liebsten seinen realen Peinigern antäte. Oft begreifen die Anderen gar nicht, wie es kommt, dass sie ihr Gegenüber so sehr verabscheuen – ein häufiges Thema in der Supervision von Psychotherapeuten, die mit Borderline-Patienten arbeiten. Die Konsequenz ist oft ein entsprechender Adrenalinspiegel, eine aufkeimende Paranoia und, aus Sicht der Psychoneuroimmunologie, beispielsweise eine chronische Schwächung der Immunabwehr.

Umgekehrt ist es immer wieder sehr eindrucksvoll, wie sehr sich das psycho-physiologische Befinden ändert, wenn es auch nur kurz gewagt wird, die Brücke in den bzw. vom Solarplexus zu öffnen und Teile der angestauten Emotionen zu „entspeichern". Wie neugeboren fühle sich das an …, wie eine zweite Chance auf Leben statt der Sehnsucht nach Tod, wie eine zweite Chance auf Liebe statt verzweifelt-einsamer Mord-und-Totschlag-Phantasien.

Kerim war nicht wirklich wohl in seiner Haut, aber das war ihm ja sowieso kaum noch. Dabei hatte er eigentlich bisher ein gutes Leben gehabt: ein erfülltes Leben als Beamter, gutgeratene Kinder, die jetzt aus dem Haus waren, und eine wunderschöne Frau, die er über alles liebte. Hatte er jedenfalls gedacht, bis zur Pensionierung. Denn jetzt sahen die Dinge doch irgendwie anders aus. Jetzt, wo er nicht mehr arbeitete, fühlte er sich von ihr kleingemacht und gedeckelt. Ein wenig barsch und herrisch war sie ja immer schon gewesen, aber nun … Er hatte manchmal regelrecht Angst, auszurasten. Angst, seiner Frau etwas anzutun. Einfach zuzuschlagen. Er hatte Angst, ein Monster zu sein. Dabei liebte er sie doch. Aber er hielt sie einfach nicht mehr aus. Sie machte ihn klein, und das machte ihn furchtbar wütend, und das wiederum machte ihm große Angst. Und der Arzt sprach von Burnout.

Und deshalb saß er nun hier, bei seinem Psychotherapeuten, in dieser Übung, die langsam ihrem Ende entgegenging. Sagte jedenfalls die Stimme im Hintergrund.

Doch da brüllte jemand, ganz laut und ganz in seiner Nähe. Der Schrei ging einem durch Mark und Bein. Man hatte ihn gewarnt, vorher: Es könne laut werden.

Und so war es auch. Kerim war unglaublich laut. Ein Brüllen brach aus ihm hervor, das gar nicht mehr aufhören wollte. „Das Brüllen eines Monsters", dachte er erschrocken. Doch dann, die nächsten Tage und Wochen und Monate, merkte er, im Gegenteil, er war kein Monster. Er machte die Übung noch öfter in seiner Therapiestunde, und mit jedem Schrei wuchs er, fand er. Das mit dem Sich-klein-Fühlen hatte ein Ende, merkte er. Er wurde ein Mann, der die Nähe seiner Frau wieder mochte.

Und das Monster blieb verschwunden.

In gewissem Sinn ist das Solarplexus-Chakra der Bereich der Selbst-Behauptung im wortwörtlichen Sinne; oft ist es die Pforte, durch die unter viel Geschrei und Wut kraftvolle, selbstbewusste, erwachsene Menschen geboren werden.

Übung · Solar-Plexus-Chakra: „Belebendes Spüren"

• Suchen Sie sich einen Zeitpunkt und einen Ort, wo Sie für etwa 7 bis 10 Minuten ungestört bleiben.

• Stehen Sie aufrecht, in den Knien leicht gebeugt, die Füße etwa schulterbreit auseinander.

• Atmen Sie, durch die Nase, tief in den Bauch ein.

• Beugen Sie sich nun leicht nach vorn und stützen Sie Ihre Hände auf den Oberschenkeln ab

• Atmen Sie durch den Mund wieder aus.

• Nun halten Sie die Luft an und ziehen den Bauch so weit wie möglich nach innen und oben.

• Bewegen Sie nun zehn- bis zwanzigmal, mal schnell und kräftig die Bauchdecke von innen nach außen, weiterhin ohne zu atmen.

- Nun richten Sie sich einatmend wieder auf.
- Spüren Sie, wie der frische Atem in Ihren Solarplexus strömt.
- Atmen Sie nun im eigenen, ruhigen Rhythmus – ganz wie es sich ergibt – ein und aus.
- Lassen Sie mit jedem Ausatmen mehr Spannung im Bauch- und Brustbereich los.
- Spüren Sie, wie dieser Bereich sich ausdehnt.
- Wiederholen Sie die Übung noch zweimal.

Abschließend bleiben Sie einige Atemzüge lang in der Ausgangsposition stehen und spüren den Veränderungen nach.

Sehnsucht, Liebe, Trauer, Schmerz: das Herz-Chakra

Auf der Höhe des Herzens liegt das vierte der sieben Haupt-Chakren: das Herz-Chakra. Zugeordnet werden dieser Region – von jeher und praktisch durch alle Kulturkreise – die verbindenden Gefühle wie Liebe und Sehnsucht, Glück und Freude, Trauer und Mitgefühl. Das Herz des Liebenden, das ist es, was wir am engsten mit der Bezogenheit des Menschen verbinden. Das Herz des Liebenden quillt über von einer freudigen und gebenden Energie. Es ist beinah unvorstellbar, dass jemand, dessen Herz von Liebe überfließt, in ein Burnout geraten könnte.

Dieses liebende Herz kann dem, was die Psychologie „altruistische Abtretung" nennt, zum Verwechseln ähnlich sein. Doch dazwischen besteht ein entscheidender Unterschied: Als Liebender gebe ich aus der Fülle, während ich, wenn ich pseudo-altruistisch im Geben gleichsam gefangen bin, aus der Bedürftigkeit heraus gebe. Die Sehnsucht meines unerfüllten Herzens wird dann auf das Gegenüber projiziert und dort stellvertretend befriedigt. Dahinter steht der Wunsch und auch die Illusion, dass mich der andere, wenn ich ihn nur genug liebe, irgendwann in meiner eigenen Bedürftigkeit erkennt und mich so aus dem Elend meiner eigenen existenziellen Einsamkeit erlöst. Viele von uns funktionieren nach diesem

Muster, leben von dieser Hoffnung, die so gut wie nie erfüllt wird – eine Erkenntnis, die dann oftmals der Grund für den Ausbruch einer Depression ist. Ein überfließendes Herz, Liebe und Mitgefühl brauchen als Fundament die Erfahrungen in den ersten Chakren, insbesondere eine feste Verankerung im Dasein und die gespürte Selbstwirksamkeit, das Selbstwertgefühl. Vielen Menschen mangelt es an diesem Fundament aufgrund frühkindlicher Erfahrungen, und sie haben entsprechend auch geringen Bezug zu ihrer Herz-Energie; die Psychologie spricht dann z.B. von „Frühgestörten". Eine tiefe, infantile Abhängigkeit und Bedürftigkeit kennzeichnet diesen Zustand, sich z.B. zeigend in steten Verlassensängsten oder auch in überbordenden Kontroll- und Machtbedürfnissen. Wie gesagt, bedarf das beseelte Herz-Chakra einer klaren, belastbaren Identität. Gerade die Abwesenheit dieser identitätsgebenden Faktoren ist es, die Menschen dann nach Herzensbezügen im Außen suchen lässt; verwechselt wird dann häufig sentimentale Abhängigkeit als bedürftige Form der Liebessehnsucht mit der Kraft eines offenen Herzens, dessen Liebe eine vorwiegend gebende Dynamik hat.

Im Grunde gibt es unendlich viele Menschen, die in Elternhäusern aufgewachsen sind, in denen ihnen, oft auf subtile Art, das für ein starkes Herz-Chakra Nötige eben nicht gegeben wurde. Und so kommt es auch, dass Erwachsene, wenn denn später, etwa bei einer Therapie oder einer Meditation, ein Brückenschlag zum eigenen Herzen gelingt, häufig als erste starke Emotion tiefe Trauer verspüren, davon geradezu überschwemmt werden. Oft erleben sie starkes Mitgefühl mit den Menschen – auch mit der ganzen Schöpfung, ebenso wie mit jenem Kind, das sie selbst einst waren. Ein sich öffnendes Herz-Chakra geht ganz oft einher mit vielen Tränen, bei Männern wie bei Frauen – häufig aus einer schmerzhaften Einsicht heraus, die Alice Miller einmal so formulierte: „Wir müssen als Erwachsene lernen, die Kämpfe aufzugeben, die wir als Kind schon verloren haben."[3] Und manchmal müssen wir auch lernen, die Kämpfe aufzugeben, die wir als Kind gewonnen haben …

---

3) Alice Miller, „Das Drama des begabten Kindes".

Sie war „daddy's girl", von Anfang an. Schon als kleines, süßes blondes Mädchen. Mit ihrer Mutter kam sie nicht klar, die empfand die süße Tochter als Konkurrentin. Den Vater konnte sie dafür um den Finger wickeln. Was sie lernte, war vor allem die hohe Kunst des Manipulierens. „Ich, blond und süß, kann alles haben", war die Devise ihres Lebens, von klein auf durch die Pubertät bis ins Erwachsenenalter. Sie merkte gar nicht, dass sie zwar tat, was sie wollte, dass sie selbst aber völlig ohne Widerhall blieb. Dass sie im Grunde keinerlei Erfahrungen mit wirklich persönlichen Beziehungen sammelte, weder in ihrer Familie noch unter ihren zahllosen Verehrern und „Freunden", die sie sexuell begehrten, ihr aber emotional nicht begegneten.

Auch ihre Ehe folgte diesem Muster: Sie war das süße Mädchen, um deren Wünsche und Bedürfnisse man sich kümmerte. Ihr Mann spielte mit, zwanzig Jahre lang. Zwanzig Jahre lang verwechselte er ihre erotisch geprägte Anspruchshaltung mit Liebe, und dann verließ er sie. Das war zu einem Zeitpunkt, als sie gerade in der Lebensphase war, in der das Süß- und-niedlich-Sein endgültig seine Macht verliert. Sie fiel ins Nichts, landete für längere Zeit in einer Klinik. Und dann wachte sie endlich auf, es kam es zur Auferstehung als erwachsene Frau. Nicht mehr „daddy's girl", sondern „her own women" ... liebevoll und liebenswert ...

An verführerischen Alternativen zum beseelten Herz-Chakra mangelt es nicht: Liebe zu verwechseln mit Macht oder Ruhm, Geld oder Sex liegt heute näher denn je. Vielfach fällt diesen vermeintlichen Attraktionen gar jegliche Phantasie, jeglicher Traum von Liebe zum Opfer. Und nicht selten passiert es erst am Gipfel, wenn Macht und Ruhm und Geld erreicht sind, dass die Leere sich bemerkbar macht in der Herzgegend. Der häufigste Irrweg dürfte wohl die Verwechslung von Liebe mit Sex sein, resultierend in den Leeregefühlen, die mit jedem One-Night-Stand größer werden. Wie quälend ist gerade die zum Geben unfähige sehnsuchtsvolle

Begegnung von einsamen Herzen, deren Armut gnadenlos die Leere erzeugt, die zu füllen man angetreten war. „Du brauchst etwas – ich brauche etwas, und gemeinsam können wir verhungern ...“ Und wie verletzend, wie vernichtend kann es sein, wenn ein Herz, das dabei ist, sich zu öffnen – also schon ein wenig fähig ist zu geben –, und das auf liebende Resonanz angewiesen ist, stattdessen auf Nicht-Fühlen, auf vom Empfinden abgespaltene Sexualität, auf Verdinglichung trifft. „... diese Männer wollten mich immer nur ficken, wie es mir ging oder wie ich war, war denen scheißegal.“

Wenn das Herz erkaltet ist, liebt man nicht mehr, was man ist und was man tut. Heilung? Sie taucht manchmal überraschend auf, dank einer Situation, die es erlaubt, die Brücke zum Herzen wieder zu schlagen. Wenn das Herz eine Begegnung hat, die ihm ermöglicht, wieder in Resonanz zu gehen. Für nicht wenige besteht der eigentliche Effekt einer psychosomatischen Kur beispielsweise darin, eine neue Liebe zu finden und durch einen Blick nach innen in dieser neuen Liebe wiedergeboren zu werden. Doch es ist ein riskanter Weg, weil das Herz auf diese Art oftmals nur von außen angestoßen, zum Schwingen gebracht wird. Wenn es dabei bleibt, wenn das Wesentliche von außen kommt und nicht durch die eigene Herzenergie, geht das Geschehen in Richtung Abhängigkeit und nicht in Richtung Brückenschlag zum Selbst.

Denn entscheidend ist: Gerade die Liebesfähigkeit ist auf den Weg angewiesen, der über die Versöhnung mit dem eigenen Ich führt, und damit die Möglichkeit der Selbstfürsorge und Eigenliebe; erst dieses fürsorgende Herz kann sich wirklich einem anderen zuwenden. Dies ist wahrscheinlich gemeint mit dem Bibelwort: „Liebe deinen Nächsten wie Dich selbst“.

Übung · Herz-Chakra: „Der heilende Blick in den Spiegel"

Um Ihre persönliche Einbettung in die Energie zu fühlen, sei Ihnen an dieser Stelle die „Spiegelübung" ans Herz gelegt. Suchen Sie sich und einen ruhigen, geschützten Ort. Nehmen Sie sich zehn bis fünfzehn Minuten, um sich selbst in Kontakt zu bringen mit Ihrer Herzenskraft, mit der liebenden Energie Ihres Herzens ...

• Setzen Sie sich vor einen Spiegel. Wenn Sie mögen, stellen Sie den Küchenwecker auf fünfzehn Minuten, damit Sie während der Übung nicht auf die Zeit achten müssen und dennoch wissen, die Übungszeit ist begrenzt.

• Schließen Sie die Augen und lassen Sie sich spüren, wie Sie beim Einatmen ganz besonders Ihr Herz wahrnehmen. Sie erleben dabei, wie Ihr Herz voller Liebe ist. Sie atmen ein paar Mal ein und wieder aus und lassen sich dies spüren, bis es Ihnen vorkommt, als fließe Ihr Herz über vor Liebe.

• Sie lassen die Augen noch geschlossen, machen sich nun langsam bereit, sich selbst im Spiegel zu begegnen. Stellen Sie sich vor, wie Sie weiterhin beim Einatmen tief in Ihr Herz spüren. Stellen Sie sich vor, mit dem Ausatmen lassen Sie diese Liebesenergie durch Ihre Augen nach außen strömen.

• Öffnen Sie nun langsam die Augen und schauen Sie in den Spiegel. Lassen Sie die Liebe Ihres Herzens mit Ihrem Blick zu Ihrem Spiegelbild strömen. Legen Sie alle Wärme, alle Freude und auch alle Barmherzigkeit, deren Sie fähig sind, in Ihren Blick und schauen Sie sich an. Und dann lassen Sie, im Ausatmen, sich leise zu Ihnen selbst sprechen mit Worten, die von Ihrem Herzen getragen sind: „Ich liebe Dich."

• Lassen Sie sich dieses wiederholen und wiederholen …

• Lassen Sie sich bei jedem Wiederholen spüren, wie Sie diese Worte immer klarer, mit der ganzen Wahrheit Ihrer Seele füllen.

• Spüren Sie die Kraft, die mit jedem Atemzug das Gefühl in Ihnen verstärkt, dass Sie beseelt sind. Fühlen Sie.

- Wenn dann der Wecker klingelt, schließen Sie die Augen, atmen Sie drei Mal tief und sanft in den Bauch und öffnen Sie die Augen.
- Verabschieden Sie sich vom Spiegel und ruhen Sie noch ein paar Minuten aus.

„Erhebe deine Stimme ...": das Kehl-Chakra

Auf Höhe des Kehlkopfes befindet sich im Bereich der Halswirbelsäule das Kehl-Chakra. Physiologisch zugeordnet werden ihm die Schilddrüse, die Stimmbänder, die Luft- und die Speiseröhre, der Ohren-, Hals-, Nacken- und Kieferbereich, Bronchien und obere Lungen. Psychologisch zugeordnet werden ihm insbesondere die Bereiche des Selbstausdrucks und der Kommunikation, der offene Ausdruck von Gefühlen, Gedanken, Erfahrungen und Erkenntnissen ... Das Kehl-Chakra ist der Bereich, in dem sich entscheidet, ob ich es wage, meinem inneren Erleben eine Stimme zu verleihen. Der „Frosch im Hals" oder Kloß im Hals, das Krächzen, Stottern, Versagen der Stimme ... Schüchternheit und Hemmungen spüren wir kaum irgendwo so sehr wie an unserer Stimme; in der Psychoanalyse war man sich von Beginn an einig über den Stellenwert der Stimme; die Beeinträchtigung der Verfügbarkeit der Stimme stellt aus dieser Sicht beispielsweise ein wesentliches neurotisches Symptom dar.[4]

Die Stimme sei unser schönstes Instrument, heißt es. Aber nur die wenigsten von uns lernen im Laufe ihres Lebens, dieses Instrument zu spielen. Im Gegenteil: Auf wenig wird in der Erziehung mehr geachtet, als darauf, nicht zu laut zu sein, sich gewählt auszudrücken, nicht vorlaut zu sein und vor allem, keine „unzivilisierten" Laute von sich zu geben. Nur die wenigsten Menschen kennen ihre Stimme überhaupt wirklich. Gerade das ist jedoch wichtig: Wir sollten mit unserer Stimme vertraut sein – ihr Spektrum kennen, sie trainieren, um sie als das schönste Instrument, das wir haben, nutzen zu können. Fakt ist: Wer zu leise spricht, wird überhört; wer durch lautes Schreien nervt, auch.

---

4) Paul Josef Moses, „Die Stimme der Neurose".

Auch für den Bezug nach innen ist das Kehl-Chakra einer der wesentlichen Schlüssel. Welchen Klang hat unsere innere Stimme? Wie sprechen, kommunizieren wir mit uns selbst? Kalt und sachlich, oder anklagend und verurteilend? Oder in einer warmen, liebevollen Tonlage?

Seelische Störungen und Krisen lassen sich an den Wandlungen der Stimme gut erkennen. Das Immer-leiser-Werden, bis zum Verstummen, oder auch das Zunehmend-lauter-Werden. Die hysterische Stimme, die die stets zu kippen droht, die weinerliche Stimme oder auch die betont sachlich-nüchterne. Eine psychische Abwärtsspirale hört man zumeist auch an der Stimme. Oft ist der tiefste Punkt das Verstummen – manchmal als der eigene Tod, manchmal aber auch im Sinne eines stummen Schreis.

Kurt schwieg. Seit Jahren. Er sagte nie, warum; er schwieg einfach. Aber seine Ehefrau begriff. Wie sehr sie begriffen hatte, zeigte sich eines Tages, als Kurt mit blauen Flecken und einem Kopfverband in die Praxis kam. Sie hatte die Fassung verloren und ihm eine Flasche auf dem Kopf zerschlagen, und nur der herbeigeeilte Schwiegersohn hatte Schlimmeres verhindert. Das war sicherlich nicht schön, aber der Kopfstoß hatte etwas Heilendes: Kurt begann zu sprechen. Er war endlich in der Lage, sowohl sich selbst als auch seiner Frau all das Aufgestaute, das ihn über Jahre gequält hatte, einzugestehen. Er mochte seine Frau nicht mehr, ja, er verabscheute sie. All der Abscheu, all die Wut und Verbitterung darüber, mit ihr verheiratet zu sein, das sprach er jetzt aus. Und war wie neu geboren.

Übung · Kehl-Chakra: „Klingen, Tönen"

• Suchen Sie sich einen ruhigen geschützten Ort, an dem Sie unbefangen ein wenig Töne machen können.

• Setzen Sie sich bequem aufrecht hin.

• Schließen Sie die Augen, atmen Sie ein paar Mal tief und entspannt ein und aus.

- Nun atmen Sie durch die Nase ein und atmen dann langsam durch den Mund aus, wobei Sie einen leisen Ton erklingen lassen. Ein tiefes U. Dieses tiefe U begleitet Ihr Ausatmen.

- Nun atmen Sie durch die Nase ein und atmen Sie langsam durch den Mund aus, wobei Sie einen leisen Ton erklingen lassen. Ein rundes O. Dieses runde O begleitet Ihr Ausatmen.

- Jetzt atmen Sie durch die Nase ein und atmen langsam durch den Mund aus, wobei Sie einen leisen Ton erklingen lassen. Ein breites Ä. Dieses breite Ä begleitet Ihr Ausatmen.

- Nun atmen Sie durch die Nase ein und atmen langsam durch den Mund aus, wobei Sie volles A erklingen lassen. Dieses volltönende A begleitet Ihr Ausatmen.

- Nun atmen Sie durch die Nase ein und atmen langsam durch den Mund aus, wobei Sie ein breites E erklingen lassen. Dieses breite E begleitet Ihr Ausatmen.

- Nun atmen Sie ein weiteres Mal durch die Nase ein und langsam durch den Mund aus, wobei Sie schließlich ein I erklingen lassen. Ein langes, klares I. Dieses klare I begleitet Ihr Ausatmen.

- Wiederholen Sie nun dieses Tönen einige Male. Atmen Sie dabei durch die Nase ein und durch den Mund aus. Lassen Sie den Vokal möglichst lang erklingen.

U · O · Ä · A · E · I

- Genießen Sie die Unterschiede der Töne, die jeweilige innere Klangfarbe des Vokals.

- Genießen Sie, was beim Tönen mit Ihrem Körper, Ihrer Atmung, Ihrem Brustkorb, ihren Lippen geschieht.

- Beenden Sie die Übung mit einigen ruhigen Atemzügen.

Erkenntnis und Intuition: das dritte Auge

Zwischen den Augenbrauen, oberhalb der Nasenwurzel, befindet sich das Stirn-Chakra, das sogenannte dritte Auge. Physiologisch wird es in Verbindung gebracht mit dem Gesichtsbereich, mit den Sinnesorganen: Augen, Ohren, Nase. Aus psychologischer Sicht hat es zu tun mit dem großen Bereich mentaler Leistungen, wie einerseits Erinnern und Gedächtnis, logischem Denken und Konzentration, geistiger Klarheit, Selbsterkenntnis, und andererseits Imagination und Inspiration, Phantasie, Vorstellungskraft, Intuition, Sensibilität.

Das dritte Auge nennt man auch das Chakra des Erkennens. Und damit ist eben nicht nur das rationale Erkennen gemeint, nicht nur die Dimension der Gedanken und Konzeptionen, sondern auch das Intuitive, Schöpferische, Kreative. Die Ideen haben hier ebenso ihren Ort wie die Ahnungen und Visionen. Hier ist der Ort, an dem die Zukunft entworfen wird, und hier ist auch der Ort, an dem es manchem möglich wird, sich nach Jahrzehnten wieder an sich selbst zu erinnern.

Man kann das dritte Auge mit aller Macht „zukneifen" – viele von uns tun es zumindest zeitweise. Dann blenden wir beispielsweise aus, was über die Grenzen des Offensichtlichen hinausgeht an existenziellen Dimensionen – bis wir zu einem Punkt kommen, an dem das nicht mehr geht. Wenn etwa aus dem Unbewussten Ahnungen und Selbsterkenntnisse auftauchen, die in heftigster Weise mit dem, was wir bisher für gesichert gehalten haben – mit unserer realitäts- und identitätsstiftenden Wahrheit –, kollidieren. Wenn die psychischen Mechanismen der Verdrängung und Projektion beispielsweise nicht mehr wie gewohnt funktionieren. Projektion heißt hier, dass man die eigenen negativ bewerteten oder unerträglichen, auf jeden Fall aber nicht ins Selbstbild integrierten Persönlichkeitsanteile „verlagert", genau gesagt: auslagert. Der eigene Schatten, d.h. die abgewehrten Anteile der eigenen Persönlichkeit, werden projiziert auf andere. Wenn sich das dritte Auge öffnet, verliert diese Möglichkeit ihre tröstende Kraft. Plötzlich ahnt der bisher immer

Mutige, wie viel Angst er hat, plötzlich erkennt der Bescheidene seine Gier, der Friedensaktivist seine Aggressivität.

Das dritte Auge steht aber keineswegs nur für die Auferstehung der Schattenanteile, sondern ebenso für das Aufbrechen machtvoller visionärer Kräfte. Die Ahnung, dass es sich mit dem Leben auch anders verhalten könnte, als es bislang der Fall ist, und das intuitive Wissen um die Richtung, die es einzuschlagen gilt: – dies sind Aspekte, die mit einem „geöffneten dritten Auge" einhergehen. Manchmal machen diese Aspekte Angst. Man sieht sich in einer Schwellensituation, was womöglich mit so großer Angst verbunden ist, dass man in eine Art Schockstarre verfällt; das Verharren in einer solchen Starre kann dann das Burnout bedeuten.

Eine wesentliche und gerade für sensible Menschen gut spürbare Verknüpfung besteht zwischen dem dritten Auge und dem Solarplexus. Man könnte es so beschreiben, dass die Visionen, die im dritten Auge entstehen, im Solarplexus-Chakra bezogen auf ihre Stimmigkeit mit der eigenen Identität überprüft werden, verbunden mit jenem starken, für viele Menschen wegweisenden Bauchgefühl, das dann als identisch mit der eigenen Intuition erlebt wird.

Übung · Stirn-Chakra: „Intuition, Inspiration"

• Stellen Sie sich vor, Sie sind ein Künstler. Welch ein Künstler wären Sie? Dichter, Maler, Bildhauer, Musiker, Komponist? Sie entscheiden sich für ein Künstlerdasein.

• Nun legen oder setzen Sie sich bequem hin und träumen Sie einen Tagtraum. Sie träumen von dem Kunstwerk, das Sie der Welt schenken: Welches Thema hat es? Um welche Figur dreht es sich? Welche Tonlage hat es, welche Farben? Imaginieren Sie das Kunstwerk. Sehen Sie es vor sich, ganz genau, und den Schaffensprozess: das Malen, Komponieren, Musizieren, Schreiben, Tanzen …

• Nehmen Sie das Gefühl des Schaffens in sich auf: die Weite Ihrer Phantasie, die Offenheit und Aktivität Ihres Denkens und Fühlens, die Lust am schöpferischen Tun. Die Schaffensfreude. Lassen Sie sich von Ihrer Intuition treiben – vielleicht erzählt sie Ihnen ja etwas Neues über Sie.

• Dann legen Sie das Kunstwerk einstweilen beiseite. Sie können es ja jederzeit wieder hervorholen …

„Dein höchster Punkt …": das Scheitel-Chakra

Am höchsten Punkt des Kopfes, in der Mitte der Schädeldecke, in Höhe der Fontanellen, befindet sich das Kronen- oder auch Scheitel-Chakra. Nicht selten wird dieses Chakra auch einige Zentimeter oberhalb des Kopfes verortet, was schon deutlich macht, dass hier körperliche Zuordnungen nicht mehr in dem Maße bedeutsam sind wie bei den anderen Chakren. Tatsächlich geht es bei diesem Chakra um die psycho-physiologische Aufrichtung und Ausrichtung auf Höheres. Wo immer es beispielsweise um die spirituellen Erfahrungen geht, spielt das Scheitel-Chakra die Schlüsselrolle.

Erlebnisse spiritueller Berührtheit, Erfahrungen der Grenzüberschreitung, der Transzendenz, der Erleuchtung, „magic moments" … all das wird konnotiert mit dem Scheitel-Chakra. Im Grundsatz geht es hier um die umfängliche, ja, die maximale Bezogenheit des Menschen zu allem, was ist. „Ich erinnere mich an die ‚Magic Moments' im Seminar, die mich an die Existenz angebunden haben. Ich spürte, dass ich lebe und verbunden bin mit etwas, das größer ist als ich." Das Scheitel-Chakra wird gleichsam als das Tor gesehen, durch das diese umfassende Bezogenheit möglich ist – ein Tor, das mehr oder weniger offen oder geschlossen sein kann.

In Kontakt mit diesem Tor kommen Menschen oftmals – und zwar heute mehr denn je auch in der westlichen Welt – in der Meditation. Berichtet wird beispielsweise von Meditationserfahrungen, bei denen das Scheitel-Chakra in der Endphase fokussiert wird, dass im Kopfbereich das Gefühl entsteht, als atme man gegen eine Betondecke. Und andere wiederum erzählen von dem beglückenden Gefühl, als sei man so etwas wie eine unter Druck stehende Sektflasche und endlich springe der Korken heraus. Dabei ist eine Grunderfahrung speziell im Kontext spiritueller Praktiken wie Meditation etc.: Die spirituelle Entwicklung gelingt dann, wenn sie Schritt hält, wenn sie im Einvernehmen ist mit der Reifung des Ich auf den anderen Persönlichkeitsebenen. Zu Recht wird immer wieder Behutsamkeit und Langsamkeit beim Erlernen der Meditation angemahnt, wie in den Worten Graf Dürckheims: „Wer sich zu früh öffnet, den holt der Teufel von hinten."[5] Die Gefahr beispielsweise, dass psychedelische Drogen in eine Psychose führen, kann damit zu tun haben, dass hier jäh und vorzeitig – gemessen am persönlichen Entwicklungsgrad verfrüht – spirituelle Erfahrungsdimensionen ins Spiel kommen. Die sinnstiftende spirituelle Erfahrung ist grundsätzlich Ergebnis eines behutsamen, gut geerdeten Wachstumsprozesses.

Wie auch immer, in ganz praktischer Hinsicht steht das Scheitel-Chakra für den höchsten Punkt des menschlichen Körpers; in körpertherapeutischen Zusammenhängen ist hier auch vom Scheitel- oder Kronenpunkt die Rede. Er kommt immer dann ins Spiel, wenn es darum geht, den Körper entspannt in eine aufrechte Grundspannung zu bringen, also „entspannt aufzuspannen". Diese entspannt-dynamische Aufrechthaltung gilt aus vielen körpertherapeutischen und physiotherapeutischen Perspektiven als die gute Grundhaltung schlechthin. Dabei ist das Basis-Chakra – konkret, anatomisch: der Beckenboden – der eine Pol und das Scheitel-Chakra – konkret: der Scheitelpunkt – der andere Pol. Anders gesagt: Das entspannte Sich-Aufrichten geht aus vom Geerdet-Sein via Basis-Chakra, und seiner Ausrichtung nach oben gibt das Scheitel-Chakra die Orientierung. In diesem Sinne ist der Mensch also – und das ist sowohl ganz konkret als auch im erweiterten Sinn, etwa anthropologisch oder psychologisch oder spirituell betrachtet, die zentrale Aussage – gehalten durch die Grundspannung zwischen der Erde, die ihn trägt, und dem lichten Himmel über sich, zu dem er sich aufrichtet – zu dem hin er sich entwickelt.

5) Karlfried Graf Dürckheim, mündlich geäußert im Rahmen eines Vortrags in Rütte.

Kurz und gut: Die im Rahmen persönlicher Entwicklung als grenzüberschreitend erfahrene Sinnhaftigkeit des eigenen Lebens und die Orientierung darauf hat hier, im Scheitel-Chakra, ihren „energetischen Fokus". Eine seelische Krise wie beispielsweise Burnout hat auf dieser Ebene viel damit zu tun, dass die spirituelle Erfahrungsdimension wegbricht – wenn beispielsweise Ereignisse einen Menschen aus Sinnverlust verzweifeln lassen, er sich buchstäblich von allen guten Geistern verlassen fühlt. Und umgekehrt: Wenn unser Tun im Sinn geerdet ist, ist unsere Energie völlig unerschöpflich.

Übung · Scheitel-Chakra: „Die Vereinigung von Licht und Erde spüren"

Das Scheitel-Chakra ist am leichtesten spürbar auf der Grundlage einer geraden Wirbelsäule. Da es den meisten Menschen schwerfällt, aufrecht sitzend eine ganz gerade Haltung einzunehmen, schlagen wir Ihnen hier die genauso effektive, aber technisch bedeutend weniger anspruchsvolle Übung im Liegen vor.

• Nehmen Sie sich ein wenig Zeit, vielleicht 20 Minuten, und stellen Sie sicher, dass Sie ungestört bleiben. Wenn Sie mögen, stellen Sie sich wieder den schon mehrfach erwähnten Küchenwecker. Legen Sie sich auf eine Yogamatte, falls vorhanden, ein Schaffell oder einfach auf einen Teppichboden. Wichtig ist, dass Sie einigermaßen bequem liegen, aber auch hart genug, um Ihren Rücken in der Liegeposition konkret spüren zu können. Ziehen Sie nun Ihre Füße an den Körper, so dass die Füße etwa Beckenbreit auseinanderstehen, und lassen Sie dann die Knie locker nach innen fallen. Wie oben beschrieben, setzt die Erfahrung des Scheitel-Chakra eine gute Erdung voraus, das heißt auch eine gute Verwurzelung im Basis-Chakra. Diese Erdung stellen Sie her durch die Füße, die auf Beckenhöhe fest auf dem Boden stehen und zusätzlich dadurch, dass Sie beide Hände schützend und fühlend auf Ihr Schambein legen.

• Jetzt sind Sie gut geerdet und können sich den lichten Kanal vorstellen, der von Ihrem Beckenboden, vor der Wirbelsäule durch den Körper bis zum Scheitel führt und sich dort dem Licht öffnet.

• Versuchen Sie nun achtsam, aber auch tief zu atmen. Stellen Sie sich dabei vor, beim Einatmen die Luft durch eine Öffnung zwischen Ihren Beinen einzusaugen und in dem lichten Kanal nach oben zu ziehen, bis in Ihre Herzgegend. Beim Ausatmen leiten Sie die Luft bis hinauf in Ihr Scheitel-Chakra, und Sie atmen aus in den lichten Raum darüber. Beim nächsten Einatmen wählen Sie den umgekehrten Weg: Sie saugen das Licht durch das Scheitel-Chakra in den Leib und leiten es beim Ausatmen durch Ihren Unterleib in die Erde.

• Lassen Sie auf diese Weise den Atem ein paar Minuten hin- und herpendeln und richten Sie dabei Ihre Aufmerksamkeit auf Ihr Scheitel-Chakra. Schließlich strecken Sie die Beine wieder geradeaus, lassen die Fußspitzen nach außen fallen und legen die Arme neben den Körper. Gönnen Sie sich noch ein wenig Zeit, um sich das Erlebte zu vergegenwärtigen.

Die Sehnsucht der Eisprinzessin

Was es wirklich bedeutet, die Brücke zum eigenen Selbst zu schlagen, und wie dies die Qualität eines initiatischen Weges, einer Selbsterschaffung annehmen kann, kann man manchmal sehr gut an künstlerischen Entwicklungsprozessen ablesen.

Als Lara in die psychotherapeutische Praxis kam, war sie 59 Jahre alt und schon seit einigen Jahren wegen Burnout berentet. Sie wirkte in hohem Maße verunsichert, gefangen hinter einer gut eingeübten und vordergründig perfekten sozialen Fassade. Es war deutlich spürbar, wie viel Kraft es sie kostete, diese Fassade aufrechtzuerhalten, und wie emotional bedürftig sie im Inneren war – ohne die geringste Chance, sich zu verschaffen, was sie an seelischer Nahrung brauchte. Was ihre Situation erschwerte, war, dass ihr 24-jähriger Sohn im Rahmen einer depressiven Krise ins Elternhaus zurückgekehrt war, um von dort aus zu studieren. Gerade für Lara, der Form und Disziplin über alles geht, ebenso wie für ihren Mann war es fast unerträglich, wenn sie nachmittags um 15 Uhr hörte, wie ihr Sohn wach wurde und aufstand, nachdem er wieder den Tag verschlafen und die Nacht mit Computerspielen verbracht hatte. Wenn er dann aufgestanden war, wendete er sich an Lara mit der ganzen Verve jener infantilen Ansprüche, die sie sich selbst nicht zugestand. Voll Schuldgefühl bemühte sie sich dennoch, die Ansprüche ihres Sohnes an sie, die Mutter, zu bedienen – überschattet war all dies außerdem von der tiefen Angst, er könne sich suizidieren –, während gleichzeitig ihre eigene Bedürftigkeit ins Unermessliche wuchs, verbunden mit der Sehnsucht, endlich aus der Mutterrolle entlassen zu sein und ihr eigenes Leben führen zu können.

Es war für Lara nichts Neues, in eine Rolle hineingezwungen zu werden, die sie quälte, die sie wütend machte und aus der sie sich andererseits wegen der Bindung durch Schuldgefühle nicht befreien konnte: Laras Mutter war seit Laras Kindheit aufs Heftigste alkohol- und medikamentenabhängig. Sie hatte ihre Mutterrolle darauf reduziert, von Lara Ehrfurcht und Respekt zu fordern, süchtig wie sie war, bis zur Selbstaufgabe. Gleichzeitig delegierte sie an Lara nicht nur ihre eigene mütterliche Versorgung, sondern auch die des später drogenabhängigen, jüngeren Bruders und die des ebenfalls alkoholkranken Ehemanns. Als Kind hatte Lara sich zutiefst geschämt, wenn sie ihre Mutter mal wieder besudelt am Rhein traf, und sich geschämt, weil sie sich schämte. Sie fühlte sich schuldig, verdankte sie ihrer Mutter doch ihr Leben und mehr. Und wo immer möglich, tat sie für ihre Mutter, was in ihren Kräften stand – ohne jemals dafür Dank oder Anerkennung zu bekommen. Im Gegenteil: Kürzlich erst habe sie, erzählte Lara mir bei unserer ersten Begegnung, von ihrer Mutter den Bescheid bekommen, im Altersheim habe man ihr gesagt, sie brauche Turnschuhe. Lara war daraufhin losgegangen, um Turnschuhe für ihre Mutter zu kaufen. Sie kaufte nicht im ersten Geschäft, ließ sich beraten, gab sich Mühe, und erstand schließlich die besten, die sie finden konnte. Und wider besseres Wissen und Lebenserfahrung hatte sie die Hoffnung, ihre Mutter würde sich freuen. Also überreichte sie ihrer Mutter die Schuhe ... und bekam zu hören: „In Bezug auf Farben hast du ja noch nie Geschmack gehabt."

Es. wundert nicht, dass diese Frau in Erschöpfungszustände geriet. Im Grunde konnte sie kaum anders, als die Brücke zu sich selbst abzubrechen. Ihre bedürftige Seite, das kleine Mädchen, das sich nach Liebe, Freude, Spielen und Verwöhnung sehnt, hatte eh keinen Platz in ihrem Leben. Das war ausgefüllt von Schuldgefühlen, von „Energiefressern", zu denen auch der Schuldienst gehörte. Sie schuftete bis zur völligen Erschöpfung und brach zusammen, wobei die Wechseljahre eine zusätzliche, heftige Rolle spielten, sowie das zermürbende Gespinst zahlloser unbefriedigender Beziehungen. Ihres Mannes konnte sie sich als Ressource kaum bedienen. Schließlich wusste sie durch ihren Vater, wie unendlich ineffektiv Männer sind; und dass ihr Mann sie liebte, vergrößerte seine Nutzlosigkeit in gewisser Weise noch. Ihren Sohn hatte sie von Geburt an vor dem Vater zu schützen getrachtet, ihn so vereinnahmt als Nahrung für ihr bedürftiges Selbst und ihm gleichzeitig die Chance genommen, durch Identifikation mit dem Vater zum Mann zu reifen.

Lara hatte ihr Wissen um die eigene persönliche Wahrheit verloren; sie steuerte sich nicht mehr selbst, sondern wurde stattdessen gesteuert von einer Unzahl fordernder, gnadenloser, liebloser innerer Instanzen, die ihr permanent vermittelten, dass sie trotz aller Mühe ihren Anforderungen nicht genüge, das sie sich mehr anstrengen müsse, dass fürchterliche Strafen auf sie warteten, wenn sie versage, besonders dann, wenn sie faul sei.

Lara ist eine hochintelligente und insbesondere auch künstlerisch begabte Frau, und kurz nach Beginn unserer gemeinsamen Arbeit öffnete sich in ihr das Tor zu einer außerordentlich farbigen und klaren Bilder-

welt – von dieser Bilderwelt soll jetzt die Rede sein, denn sie macht viel vom Initiationsprozess des wachsenden Selbst-Bezugs deutlich:

Zunächst war da Laras Vision, die inneren Stimmen, die sie in ihre formelle und kalte Hölle zwingen, kämen von Männern. Männer von winziger Statur, wie Trolle, die in gigantischer Zahl über sie herfielen, schimpften, zerrten und zwickten, wenn Lara sich nicht regelkonform verhielt. Besonders in diesen hilflosen Momenten nicht ganz klaren Bewusstseins, z.B. im Schlaf, beim Einschlafen, fielen sie über sie her und trieben sie zur Verzweiflung. Eine Idee, auf die Lara erst nach und nach kam, war, dass man sich gegen diese Trolle wehren könnte, ihnen widersprechen könnte oder, noch ungeheuerlicher, sich über sie lustig machen könnte. Sie lernte dies mehr und mehr, in dem Maße, wie sie lernte, die infantilen Bedürfnisse ihres Sohnes mehr und mehr zurückzuweisen und ihrerseits aus der – längst obsoleten – Mutterrolle auszusteigen. Sie wagte es, unter größten Ängsten, sich als Frau ihrem Mann wieder zuzuwenden, mit ihm eine mehrwöchige Reise – „zweite Flitterwochen" – anzutreten und dem Sohn das Elternhaus anzuvertrauen. Sie entwickelte Hobbys – Joggen und Bridge –, und baute so allmählich Beziehungen zu anderen Menschen auf.

Es war ihr anzumerken, wie sehr ihr die Psychotherapie half und wie sehr sie es genoss, dass dabei ihr Inneres endlich einen Raum erhielt, in dem sie nicht bewertet, sondern angenommen wurde.

Dann änderte sich ihre Bilderwelt: Sie sah sich über eine Straße gehen, immer wieder. Zu ihrer Linken war eine dichte Hecke; plötzlich tauchte in der Hecke eine Lücke auf. Durch diese Lücke konnte sie in den hinter der Hecke liegenden Garten schauen, wo die Trolle auf sie warteten, sie einluden, doch in den Garten zu kommen. Der Garten sah verführerisch aus und sie kletterte durch die Lücke in der Hecke. Doch kaum war sie drüben, fielen die Trolle wieder über sie her. Wieder und wieder ging sie die Straße entlang, und wieder und wieder kam sie zur Lücke in der Hecke und ließ sich, wider besseres Wissen, verführen, in den Garten zu *gehen – um dort, trotz aller Versuche, die Trolle zu beschwichtigen, gequält zu werden. Es war der Garten der Schuldgefühle, der kalten und maßregelnden inneren Stimmen.*

Stück für Stück begriff sie, dass es weniger wichtig war, die Männchen zu beschwichtigen, als zu lernen, gar nicht erst durch das Tor in der Hecke in den „Garten der Schuld" zu klettern, sondern einfach auf der Straße zu bleiben. Lara versenkte sich immer wieder in dieses Bild, sowohl in unseren Sitzungen als auch für sich allein. Schließlich konnte sie stolz berichten, dass sie nun auf der Straße blieb; allen verführerischen Einladungen der Trolle zum Trotz.

In diese Zeit fallen Konfrontationen mit ihrem Sohn: Sie weigerte sich nunmehr, der Rund-um-die-Uhr-Kummerkasten für seine Studienängste zu sein. Wie eine gute Freundin half sie ihm bei seinen Klausurvorbereitungen, doch sie wurde auch fähig, ihn zurückzuweisen, wenn sie müde war oder es ihr aus anderen Gründen gerade nicht passte: „Ich will jetzt meine Ruhe, wenn du etwas brauchst, melde dich morgen!"

Sie sah sich oft über die Straße gehen, mit der Hecke zur Linken. Fröhlich zeigte sie den Männchen den Stinkefinger, wähnte sich gefeit gegen deren Übergriffe. Sie ging die Straße weiter bis zu einem See. Es war klar, sie musste zu diesem See. Aber das Ufer war morastig, sie drohte einzusinken; es war gefährlich. Also ging sie zurück auf die Straße. Das nasse, schlammige Ufer … Lara spürte, dass ihre Ich-Grenzen noch nicht solide genug waren, um wirklich heftigen Konfrontationen trotzen zu können. In diese Zeit fallen Streitigkeiten mit ihrem Mann; oft ging es dabei um die Heftigkeit, mit der sie sich gegen den Sohn abgrenzte.

Wieder lauerten die Trolle, und wieder hielt Lara durch. Schließlich änderte sich das Bild. Es wurde Winter, der See gefror, und sie konnte ihn betreten. Viele hielten sie in dieser Phase tatsächlich für kalt. Sie galt ihnen als egozentrisch, egoistisch, lieblos. Dann starb ihre Mutter. Sie trauerte nicht, sie war erlöst, sie freute sich. In ihr jubelte es darüber, aus dieser Knechtschaft entlassen zu sein. Sie betrat den See, und sie wurde zur

Eisprinzessin, die, gefeiert von unzähligen Zuschauern, auf dem See ihre Pirouetten zog.

Das war die Zeit, in der sie im realen Leben zum einen das glückselige Gefühl des Sie-selbst-Seins, der Selbstverwirklichung empfand – zum anderen aber auch Gefühle der Leere, der Unverbundenheit, der Einsamkeit. Sie sah sich voll Freude auf dem Eis laufen, tanzen und springen, und dann gewahrte sie plötzlich: Das Eis war durchsichtig, und zu ihrem namenlosem Entsetzen sah sie durch das transparente Eis hindurch, direkt unter der Eisoberfläche, einen grausigen Dämon, gierig darauf wartend, sie zu verschlingen. In psychodynamischer Hinsicht entsprach dem die Gefahr, aus der Hölle des vereinnahmten, unbefriedigten, bezuglosen Lebens im Überschwang der Euphorie der Selbstverwirklichung in den Schlund isolierender narzisstischer Größenphantasien zu geraten.

Lara begriff, und das Bild änderte sich wieder. Sie tanzte ihre Pirouetten, und währenddessen wurde sie sich plötzlich der Menschen am Seeufer bewusst, die ihr zuschauten. Sehnsucht ergriff ihr Herz, und sie fuhr ans Seeufer, zu den Menschen, um sich dort von der Eisprinzessin in eine von ihnen zu verwandeln.

In der realen Welt war es Lara damals gelungen, mehr und mehr Interesse am Bridgespiel zu entwickeln. Wie das Leben so spielt, traf sich die Bridge-Gruppe eines Tages in der Nähe von Laras Elternhaus – in der Nähe ihrer Herkunft also, deren sie sich so sehr schämte. Nach Jahren betrat sie die Plätze ihrer Kindheit, wo alles angefangen hatte, und erstmals, nach langem Zaudern und mit großer Angst, wagte sie, den Damen ihres Bridgekreises von sich zu erzählen. Sie erntete nicht Verachtung, im Gegenteil: So, wie sie sich geöffnet hatte, öffneten sich ihr die Herzen der anderen.

Übrigens ist ihre Ehe in den letzten Monaten zu einer neuen Blüte gelangt. Der Sohn ist immer noch nachtaktiv, aber er gehört jetzt zu den Besseren seines Jahrgangs und steht kurz vor dem Examen.

Wir haben jetzt lange bei Lara verweilt, weil ihre Geschichte sehr anschaulich den initiatischen Weg einer Frau beschreibt, die sich selbst vergessen hatte und schließlich in das Burnout geriet, um von dort aus den Weg zu sich selbst zu beschreiten. Laras Lebensbezug hat sich dabei auf allen beschriebenen Energie-Ebenen klar gewandelt. Im Basis-Chakra stärkte sie ihre Verwurzelung in der realen Gegenwart: Sie sorgte für sich selbst – bildlich gesprochen, arbeitete sie nun im eigenen Garten, statt ihn verwahrlosen zu lassen, um die Gärten ihrer Schutzbefohlenen zu pflegen. Das Erblühen ihres zweiten, ihres Sexual-Chakras, zeigte sich in vielerlei Formen, z.B. in der neu erwachsenden Hinwendung zu ihrem Mann auf der Grundlage tief empfundenen Frauseins, im Gedeihen ihrer – eine reichhaltige Bilderwelt gebärenden – Kreativität. Aus all dem resultierte ein neues Gefühl für Selbstwert und Wirkmächtigkeit, assoziiert mit dem Solarplexus-Chakra; sie trug kraftvoll und konsequent ihr Wollen und ihren Anspruch nach außen, auch gegen Widerstände der „Schuldigsprecher". So öffnete sich dann ihr Herz. Liebe wurde nicht länger verwechselt mit Unterwerfung unter Schuldzuweisungen, sondern wandelte sich in fühlendes Bezogensein. Die Sehnsucht der Eisprinzessin nach den Menschen am Ufer – ein schöneres Bild für das sich öffnende Herz gibt es eigentlich kaum. Ihr Kehl-Chakra öffnete sich zu einer kraftvolleren Stimme, die ihr erlaubte, auch konflikthafte Inhalte konstruktiv und verbindend zu kommunizieren. Schließlich erschloss ihr das dritte Auge ein intuitives, ahnendes Erfassen ihres ganzen Selbst, was es ihr ermöglicht, auch auf tiefen Ebenen bezogen zu sein; sich beispielsweise die Vergangenheit, die alte Scham zu vergegenwärtigen und über das Mitteilen zu integrieren. Und schließlich gibt es da noch ein Gefühl, das neu für Lara ist: Sie erzählt, sie fühle sich manchmal durchströmt von Vitalität, und gleichzeitig sei auch eine Freude in ihr, die wirke wie ein sanftes Licht. Vielleicht lässt uns dies ahnen, dass auch das Scheitel-Chakra im Spiel ist: nach einem Leben in viel Dunkelheit und Depression nun weit geöffnet in Richtung „lichter Himmel".

Nicht immer betreffen Heilungsgeschichten den ganzen Zyklus der Chakren. Manchmal findet Heilung auch dadurch statt, dass ein einzelnes Chakra vitalisiert wird und an diesem Punkt neue, kraftspendende Lebensenergie fließt. Es gibt viele Möglichkeiten von Barrieren, Blockaden, Unwägbarkeiten zwischen uns und unserem Selbst.

Der Bezug zum Du

Das Bezogensein auf einen anderen, auf ein Du, ist die zweite existenzielle Dimension des menschlichen Seins. Es geht dabei nicht bloß um das Du in der Partnerschaft; es geht um jedes Bezogensein auf einen anderen. In energetischer Hinsicht heißt das, um den Energieaustausch, den Energiefluss zwischen mir und dem konkreten Gegenüber. Wichtige Fragen dazu sind: Woran erkenne ich, wie die Energie zwischen mir und dem anderen fließt? Wann ist der Energiefluss gut – und wann nicht? In welchen Konstellationen verliere ich Energie? Wie sieht das konkret aus, wie fühlt sich das an? – Dieser Energieverlust ist ein wesentliches Element beispielsweise von Burnout-Erkrankungen, die ihre Ursache in misslingenden menschlichen Interaktionen haben. – Und welche Konstellationen und Beziehungsdynamiken sind energetisch fruchtbar? Was kann ich tun, um einen guten, bereichernden Energiefluss zu befördern?

„Bodenstation und Höhenflug" – Basis-Chakra

Paul und Anna sind Hänsel und Gretel: Hand in Hand gehen sie furchtsam durch den dunklen Wald, der das Leben für sie ist.

Anna wurde mit 35 Jahren frühberentet: psychosomatische Beschwerden. Paul leidet unter dem Fatigue-Syndrom – eine Mainstreamdiagnose: Er ist – seit Jahren – so müde, verträumt, antriebslos, dass er seine Tage praktisch im Bett verbringt, seinen Träumen zuschauend, sich vor der Welt flüchtend. In subjektiver Hilflosigkeit abwartend, bis sein Erbe verbraucht ist und damit die Existenzgrundlage für seinen emotionalen Rückzug. Paul hatte eine extrem übergriffige Mutter, die ihm das Leben, das sie ihm schenkte, gleich nach der Geburt wieder streitig machte, indem sie seine Autonomieentwicklung durch Verwöhnung untergrub und ihn in der Hölle ihrer eigenen Lebensängste einsperrte. Der sanftere Vater, seine eigentliche Brücke ins Leben, verlosch in Depressionen und nahm sich das Leben, da war Paul gerade in der Pubertät.

Anna erging es nicht viel besser. Sie ist das ungeliebte, uneheliche Kind einer Trinkerin, die – ebenso wie Pauls Mutter – eher nahm als gab.

Beide sind liebenswerte, aber mit der realen Welt kaum verbundene Wesen, mit entsprechenden Ängsten vor der Gesellschaft. Sie sind nur mit größter Mühe in der Lage, ihre Struktur aufrechtzuerhalten; sind dabei aber sehr ernsthaft bemüht, dieses Leben zu bewältigen. Sie dämpfen ihre Existenzangst mit Cannabis und versuchen, ihre fehlende Erdung durch Heavy-Metal-Musik zu kompensieren. Sexualität scheint ihnen beängstigend.

Paul und Anna wirken wie Hänsel und Gretel, die durch den Wald des Lebens gehen, ernsthaft bestrebt, den richtigen Weg zu finden. Doch dafür fehlt ihnen die Verbindung zur Existenz; das beruht bei beiden auf der Abwesenheit einer guten, Sicherheit vermittelnden inneren Beziehungswelt. Entsprechend ängstlich ist die Beziehung, die sie zueinander haben. Sie betrachten einander mit dem bebenden Blick verlassener Kinder, die voller Sorge auf den Partner schauen, in der Angst, dass er zusammenbricht und sie ihn dadurch verlieren und dann wieder völlig einsam sind.

Paul und Anna – ein Paar, bei dem beide kaum einen Bezug zu ihrem Basis-Chakra haben. Das heißt: Das Ertragen des Lebens kostet so viel Kraft, dass für den Rest kaum noch Energie übrig bleibt. Alle Kraft geht fürs Überleben drauf; mehr Lebensenergie in einem tiefen Sinne steht nicht zur Verfügung.

Auch eine andere Variante kommt oft vor: Wer kennt nicht die Paarkonstellation, bei der einer die Bodenstation spielt und der andere – von außen besehen – mehr oder weniger frei von Verantwortung durchs Universum surft.

Das Unternehmerpaar besteht aus „Bodenstation und Luftakrobat". Der Luftakrobat ist er: Jacques, der Prototyp eines Visionärs. Ein großes, begabtes Kind, mit göttlichen Ideen, phantastischen Inspirationen, sensibel für Zeitgeist und Trends. Und mit großer Leidenschaft: Er ist ein Mann, der die Kraft hat, auch das Absurde umzusetzen. Aber dann, wenn es vollbracht ist, verlässt ihn die Kraft. Was ihm fehlt, ist die Energie des Bewahrens, die Disziplin des Buchhalters, des Zuchtmeisters, des Menschen mit der stählernen Faust, der die Sterne nicht nur vom Himmel holen kann, sondern auch die Kraft hat, sie am Boden zu halten.

Ganz anders seine Frau Maria. Eine sehr attraktive bodenständige Frau, realitätsbezogen, alltagskompatibel, mit großem Organisationstalent. Sie ist die Führungskraft, die durchaus in der Lage ist, auch unpopuläre Maßnahmen im Team durchzusetzen. Sie bewundert Jacques, den „Elbenmann", mit seiner Phantasie, seinem Trendgespür, seinen Visionen, und gleichzeitig steht sie kopfschüttelnd, voll Unverständnis, vor seiner Strukturlosigkeit. Er wiederum liebt Maria sehr, gerade weil sie ein „Erdenweib" ist. Er würde so gerne mit ihr fliegen, und ihn macht fassungslos, dass sie ihn, statt mit ihm abzuheben, am Boden zu halten versucht.

Könnten die beiden einander annehmen, wären sie ein perfektes Team. Doch stattdessen beansprucht und beeinträchtigt der stete Konflikt zwischen ihnen – der Paarkonflikt zwischen einer geerdeten Frau und einem ungeerdetem, obzwar „geflügelten" Mann – ihren Alltag in so hohem Maße, dass beide mit ihren Stärken im Unternehmen streckenweise nicht mehr zum Zuge kommen, zeitweise das gemeinsame Lebenswerk in Gefahr gerät.

Jacques kann zwar fliegen, aber für einen wirklich guten, absturzfreien Flug braucht er auch Bodenkontakt, d.h. die Stärke aus seinem Basis-Chakra. Maria verschleißt sich im Ringen darum, den Flugwilligen davon zu überzeugen, dass sie auf seiner Seite ist, wenn sie seinen Bodenkontakt sicherstellt, ihn am Höhenflug hindert. Und erst wenn Jacques sie nicht mehr braucht als „Bodenstation", weil er selbst hinreichend geerdet ist, kann Maria erfolgreich ihren eigenen ganz persönlichen Höhenflug starten – nach dem sie sich durchaus sehnt.

Bei Jacques und Maria kann man, ebenso wie bei Paul und Anna, wenn man es einmal verstanden hat, gut wahrnehmen, dass das existenzielle Problem dieser Beziehungen eben an dieser Basis zu finden ist. Die anderen Chakren sind dem nachgeordnet und teilweise sehr gut im Fluss. Beide Paare haben ganz große Herz-Chakren, sind bei allen Konflikten und Ängsten mit sehr viel Liebe miteinander verbunden.

Auch das Gegenteil gibt es: In manchen Beziehungen sind die restlichen Chakren im Vergleich zum dominanten Basis-Chakra so unterentwickelt, dass jegliche spielerisch kreative Aktivität dem absoluten Nützlichkeitsdenken zum Opfer fällt. Hier droht zwar sehr selten das Burnout; diese Paare laufen aber Gefahr, sich infolge ihrer rigide materialistischen Interessenausrichtung gänzlich zu isolieren. Oft sind es Paare, die mit maximaler Disziplin, gnadenloser Strenge und Geiz ein großes Vermögen angesammelt haben, das Hand in Hand geht mit völliger emotionaler Verarmung und Vereinsamung, sieht man einmal von den beruflich-ökonomisch bedingten Kontakten ab. Ausgewogenheit der Chakren meint hingegen: Zwei Menschen stehen auf solidem Boden und schauen von dort aus einander an und können von dort aus auch weiter schauen, nach außen.

Das persönliche Basis-Chakra ist ein kostbares individuelles Gut. Empathie und Achtsamkeit für den Anderen, gleich ob Ehepartner, Freund oder Kollege, ist ein Gefühl von Fürsorge für den Boden, auf dem der andere steht. Gelegentlich die Bäume und Pflanzen auf dem

Grundstück des anderen zu gießen kann ein Akt der Liebe sein. Aber hier gründet auch eine der häufigsten Komplikationen in puncto Basis-Chakra: Wenn man sich selbst vergisst – und wir haben auf den vorigen Seiten schon etliche Menschen kennengelernt, denen es so gegangen ist –, dann neigt man gegebenenfalls dazu, sein Heil in der Beziehung zu suchen. Das läuft dann oft hinaus auf ein problematisches, gestörtes Beziehungsmuster, welches man so beschreiben kann: Der eine kümmert sich nur um das Basis-Chakra des anderen und lässt das eigene absterben.

Diese Beziehungskonstellation entspricht weitgehend dem, was die Fachliteratur Co-Abhängigkeit nennt. Ist derjenige, der diesen Dienst annimmt, entsprechend egozentrisch, kommt er zu der Haltung: „Mein Partner und ich, wir lieben mich." Der gebende Partner gerät in einer solchen Beziehung leicht in ein Burnout, weil sein Altruismus stets genährt wurde von der Hoffnung, irgendwann für all seine Fürsorge belohnt zu werden – was aber, da seine Liebe ja im narzisstischen Universum des Gegenübers versickert, nie eintritt. Stattdessen steht am Ende oft tiefste Enttäuschung und Burnout.

Gleichberechtigung ist ein bedeutsames Grundmerkmal von Beziehungen auf dieser Basis-Ebene. Natürlich kann mal der eine oder der andere mehr beitragen, aber auf lange Sicht sollte der gemeinsame Vertrag ausgeglichen sein. Diese Ausgeglichenheit setzt natürlich bei beiden ein gewisses Maß an Bewusstheit über das jeweils Eigene voraus. Das heißt in unserer Sprache, dass eine gut funktionierende Brücke nach innen ein wesentlicher Schritt für die Brücke zum Du ist. Wenn ich gelernt habe, mich selbst liebevoll anzunehmen, werde ich auf jeden Fall bemerken, wenn das Geben anfängt, mir Unbehagen zu bereiten. Dies wird mich bewegen, die Bilanz der Beziehung zu überprüfen und ggf. mit meinem Partner einen besseren Ausgleich zwischen Geben und Nehmen zu verhandeln.

In Liebesbeziehungen und auch in Freundschaften handelt es sich dabei um ein sehr komplexes Gleichgewicht. Im Berufsleben gibt das innere Empfinden meist recht klar darüber Aufschluss, ob ich als Arbeitgeber gern die Dienste eines Mitarbeiters bezahle, weil ich glaube und auch die Erfahrung mache, dass er sein Geld wert ist. Und fast jeder Arbeitnehmer hat am Ende des Monats ein relativ klares Gefühl dafür, ob er seine Arbeit mit dem, was in der Lohntüte steckt, adäquat gewürdigt findet.

Übung · Basis-Chakra: „Einander standhalten"

Diese Übung ist eine Partnerübung. Machen Sie beide es sich kurz im Sitzen gemütlich und lesen Sie Ihrem Partner die folgende Übungsanleitung vor oder lassen Sie ihn sie lesen. Vereinbaren Sie beide das Zeitfenster für diese Übung: etwa drei Minuten. Stellen Sie einen Wecker oder eine Eieruhr, dann muss niemand die Uhr im Auge behalten, und Sie beide können sich ganz auf die Übung einlassen.

• Ziehen Sie beide die Schuhe aus und stellen Sie sich einander gegenüber in Reichweite der Arme. Stehen Sie entspannt aufrecht, in den Knien locker.

• Nun beginnen Sie damit, einander ein wenig zu schubsen, und zwar mit einer oder auch beiden flachen Händen im oberen Brust- und Schulterbereich. Weich und locker.

• Spüren Sie hin: Bringen die Stöße des Partners Sie aus dem Gleichgewicht?

• Halten Sie beide kurz inne.

• Nun stellen Sie die Beine bewusst schulterbreit auseinander und atmen Sie intensiv ein, spüren Sie den Atem kommen durch die Fußsohlen und das Becken. Atmen Sie tief aus, durch das Becken und die Fußsohlen. Spüren Sie dem Atem nach, durch die Fußsohlen, in den Boden unter Ihren Füßen – als würden Sie durch die Fußsohlen in der Erde Wurzeln schlagen.

• Noch einmal: Atmen Sie intensiv ein, spüren Sie den Atem kommen durch die Fußsohlen und das Becken. Und atmen Sie tief aus, durch das Becken und die Fußsohlen. Spüren Sie dem Atem nach, spüren Sie, wie Sie in der Erde Wurzeln schlagen.

- Nun, da Sie beide gut geerdet sind, beginnen Sie wieder, einander zu schubsen.
- Spüren Sie dabei Ihrer Verankerung im Boden nach. Versuchen Sie, einen stabilen und gleichzeitig flexiblen Stand zu finden. Einen Stand, in dem Sie im sicheren Gefühl einer stabilen Basis flexibel die Stöße Ihres Gegenübers annehmen können, ohne zu straucheln. Spielen Sie damit, seien Sie achtsam, und probieren Sie auch Ihre Grenzen aus.
- Wenn die Zeit um ist, halten Sie beide inne. Spüren Sie den letzten Schwingungen nach. Reichen Sie einander die Hände und lassen Sie so gemeinsam die Übung ausklingen.

Lustvoll zugewandt – Sexual-Chakra

Die Energie des Sexual-Chakras, bei der es im weitesten Sinn um Eros geht – um die psychische Energie, die als Libido bezeichnet wird, um das Abzielen auf Lustgewinn –, kann sich sowohl in der erotisch-sexuellen Begegnung manifestieren wie auch in der leidenschaftlich-lustvollen Hinwendung zu einer Idee, einem Projekt, einem Unternehmen. Lustgewinn ... in Bezug auf ein Du ist hier viel mehr gemeint als die bloße sexuelle Begegnung. Insbesondere entspringt hier, wenn es gut läuft, Engagement und Leidenschaft im Sinne lustvoller Zugewandtheit, die dann in fruchtbaren Begegnungen resultiert.

Das Sexual-Chakra ist eng verbunden mit dem Basis-Chakra, von dem es energetisch aufgeladen wird; auf der Grundlage dieser erdenden Kraft gewinnen lustvolle Bezugnahmen auf ein Du an Fruchtbarkeit, an Produktivität. Das kann eine sexuelle Beziehung sein, die gleiche Energie trägt aber letztendlich die Vitalität jeder Begegnung. Man kann sich nicht nur ineinander, sondern auch in ein gemeinsames Projekt verlieben. Zuallererst denken wir bei der lustvollen Zugewandtheit auf der Ebene des Sexual-Chakras natürlich an die Liebesbeziehung; deren Fruchtbarkeit kann sich beispielsweise als Zukunftsgewandtheit, etwa in der

Kindphantasie, dem Kinderwunsch, der Möglichkeit der Fortpflanzung und Familiengründung ausdrücken. Analoges gilt für die Freundschaft, denn, wie gesagt, hat lustvolle Zugewandtheit nicht nur direkt sexuelle Dimensionen. Die Fruchtbarkeit einer freundschaftlichen Begegnung kann sich äußern im guten Gespräch, im gemeinsamen Projekt, im schweißtreibenden Sport, in der gemeinsamen Erinnerung und dem gemeinsamen Planen der Zukunft: dem Urlaub, dem gemeinsamen Unternehmen, dem Einander-Unterstützen und Seelisch-Nähren. All dies bedarf, um wirklich nachhaltig energetisch zu nähren, auch der Dimension der lustvollen Zugewandtheit. Im Bezug auf den Anderen gibt es ein Moment der Lust – anders gesagt: Ich habe Lust auf das in der Beziehung zum Du Ermöglichte. Ich finde Gefallen daran; ich entdecke Schönheit darin. Lust, Gefallen, Schönheit, Attraktivität, Aufmerksamkeit – um diese Qualitäten geht es hier.

Konkret greifbar wird das bei der Arbeitsbeziehung, deren Fruchtbarkeit sich im gemeinsamen Tun manifestieren kann. Auch hier gilt: Wenn zwei Personen mit Leidenschaft in einem Projekt kooperieren, können sie das Dreifache arbeiten bei halber Anstrengung, und wahrscheinlich kommt das Hundertfache dabei heraus. Der viel beschworene Flow bei der Arbeit dürfte weitestgehend ein Fließen auf der Ebene des Sexual-Chakras sein. Jede vitale wechselseitige Beziehung zwischen Menschen involviert das Sexual-Chakra, und insbesondere gilt das für Beziehungen, die kreativ-schöpferisch sind.

Mit einer instinktiven Urgewalt kommt das Sexual-Chakra natürlich bei unseren intimen Beziehungen zum Tragen. Die Sexualität ist insofern zumeist machtvollste Dimension unseres Bezugs auf das Du, als sie mit kraftvoll-libidinöser Wucht wirkt, und mit dieser großen Wirkmächtigkeit gehen auch große Risiken einher. Das Risiko einer Begegnung liegt hier darin, dass sie unermesslich freudig, kräftigend, nährend, befriedigend sein kann – oder auch das Gegenteil: unbefriedigend, enttäuschend, gar verletzend. Wichtig ist, dass Sexualität ein Gegenüber im vollen Wortsinn hat: ein Gegenüber, das erlebbar und wichtig genug ist, um Energie fließen zu lassen – und genau hier liegt, mehr und mehr, das Problem. Wird Sexualität abgekapselt vom umfassenden Selbst- und Energiefluss, verdinglicht – wird statt eines Gegenübers bloß ein Objekt zur Bedürfnisbefriedigung wahrgenommen –, oder geht es nur noch um den narzisstischen Gewinn des Begehrtwerdens – was in Single-Kulturen nicht selten ist –, verliert Sexualität in vielen Fällen ihren nährenden Charakter; sie lässt den Einzelnen in seiner Isolation allein. Dann erzeugt das sexuelle Erlebnis nicht das gute Gefühl des Bezogenseins, sondern das Gefühl von Leere und hinterlässt einen faden Nachgeschmack. Und umgekehrt: Unter der Voraussetzung einer spürbaren Begegnung mit sich selbst und einem anderen, wenn wir beim Sex also schaffen, persönlich zu werden, kann es das Wohltuendste sein, das es gibt. Eine Liebesgeschichte – ein neues Verliebtsein – unter diesen Vorzeichen ist die beste Therapie schlechthin.

Verliebtsein ... Lassen Sie uns in diesem Zusammenhang auch ein wenig über Missverständnisse reden. Da dieses Phänomen Verliebtsein mit so viel Wirkmächtigkeit ausgestattet ist, ereignen sich hier auch die häufigsten und dramatischsten Missverständnisse und damit einhergehende Verletzungen. Ein Kernmissverständnis besteht manchmal in der Annahme, der andere meine, wolle und fühle dasselbe wie man selbst. Es ist fast schon wie ein Klischee, dass einer der Partner mit der Begegnung auf sexueller Ebene die Illusion von Liebe und dauerhafter Bindung verbindet, der andere aber auf der Grundlage eines flüchtigen Faszinosums im Hier und Jetzt agiert. Und oft bilden Menschen sich beispielsweise ein, es gebe eine Brücke zum Du, über die die Energie des Verliebtseins fließt, und sie merken dann manchmal leider zu spät, dass auf der anderen Seite nicht das geliebte Wesen, sondern die eigene Sehnsucht und die eigene Projektion warten. Sie wähnen sich also auf der Brücke zum Du, obwohl sie sich eigentlich von einer Illusion auf der Brücke nach innen haben täuschen lassen. Der einseitig geliebte Mensch reagiert dann oft befremdet, manchmal auch wütend auf die Annäherung, die ihn selbst im Grunde nie einbezog. Ein Extremfall dieses fehlgeleiteten Energieflusses ist wohl Stalking, aber es gibt für diese Einseitigkeit auch zahlreiche Beispiele im Bereich der Normalpsychologie.

Eine ganz andere verbreitete Art des Umgangs mit den energetischen Kräften auf Ebene des Sexual-Chakras ist der Versuch, sie mehr oder weniger auszuklammern. Es gibt viele Beziehungen, bei denen die Partner das versuchen – Arbeitsbeziehungen, Freundschaften, Ehen. Die Konsequenz ist dann häufig eine Atmosphäre von Sachlichkeit bis hin zur Kälte, nicht selten einhergehend mit Unlust und Langeweile. Eine nachhaltige dauerhafte Begegnung, bei der das Sexual-Chakra ausgeklammert bleibt, ist wahrscheinlich gar nicht möglich – wobei eben, und das ist, wie gesagt, wichtig – die Energie des Sexual-Chakras keineswegs nur Sex im rein körperlichen Sinne meint, sondern Libido im Sinne der lustvollen Hinwendung zum Leben. Ein relativ häufiges Beispiel für den Abbruch einer Beziehung auf dieser Ebene sind Paare, bei denen sich einer oder häufiger auch beide „entliebt" haben. Wenn Sie solchen Paaren begegnen, berührt Sie eine Anmutung von Verlorenheit. Da, wo eigentlich etwas fließen müsste, ist Abgeschnittenheit fühlbar. Oft ist es so, dass sich beide hilflos fühlen, nicht wahrhaben wollen, dass ihre Liebe gestorben ist. Wir nennen dieses hier ganz bewusst Liebe, weil der Beziehungstod auf dieser Ebene ein liebendes Zusammenleben auch dann fast völlig unmöglich macht, wenn die Verbindung auf der Herzebene noch spürbar ist. Für Lebenspartnerschaften gehört dieses Phänomen, des plötzlichen und akuten Liebestodes auf der Ebene des Sexual-Chakras, zu den großen existenziellen Katastrophen. Dabei führen der Schmerz und die Trauer zu höchst unterschiedlichen Bewältigungsformen, vom Rückzug über die Vermeidung bis zu Bösartigkeit. All diese Bewältigungsformen kosten sehr viel Energie, die dem konstruktiven Leben entzogen wird.

Entscheidend ist: Geht es um die menschliche Bezogenheit auf ein Du, ist die Energie des Sexual-Chakras fundamental. Man wird mit Fug und Recht sagen können, dass jedwede Beziehung – Liebesbeziehung, Freundschaft, Arbeitsbeziehung – in ihrem Schicksal davon geprägt ist, in welcher Weise sie von libidinösen Quellen genährt wird. Ohne Potential aus diesem Bereich ist sie langfristig nicht überlebensfähig. Wenn diese Energie fließt, ist die nächste endscheidende Frage, inwieweit dieses Fließen dem Bewusstsein zugänglich sein darf oder auch nicht. In der Verleugnung wird diese Energie oft zur Bedrohung. Erlaubt man ihr den Weg ins Bewusstsein, kann sie über alle Maßen bereichern.

Wenn diese Ebene verkümmert, steigt die Gefahr seelischer Störungen wie Burnout enorm; die Kräfte auf der Ebene des Sexual-Chakras sind in vielfacher Weise Ursache wie auch Symptom-Träger von Burnout-Störungen, dabei spielen auch quantitative Fragen eine Rolle. Und wenn sich umgekehrt diese Ebene frisch auflädt, durch Verliebtsein, schmilzt Burnout wie Butter in der Sonne; wer gleichsam schon fast verstorben schien, kann plötzlich Berge versetzen. Grundsätzlich gilt für das Überwinden seelischer Störungen wie Burnout: Elementar ist, dass das weitere Leben für den Betroffenen attraktiv ist. Dieses Erleben von Attraktivität ist verortet im Sexual-Chakra.

Übung · Sexual-Chakra: „Donald Duck" versus „Tantrische Umarmung"

• Praktizieren Sie diese Partnerübung mit jemandem, der Ihnen vertraut genug ist, um ein gewisses Maß an körperlicher Nähe zu erlauben. Lesen Sie Ihrem Partner die folgende Übungsanleitung vor oder lassen Sie ihn sie lesen.

• Stellen Sie sich einander gegenüber, in Reichweite der Arme

• Beugen Sie beide ihren Oberkörper nach vorn.

• Schlingen Sie nun die Arme umeinander. Umarmen Sie einander so, dass Wangen, Arme, Schultern und Brust sich berühren, nicht aber Bauch und Becken. Dies ist die Umarmung, die man im Tantra auch Donald-Duck-Umarmung nennt – denn so macht es Donald Duck, die berühmte Entenhausener Ente: Sie lehnt sich beim Umarmen stets weit nach vorn, und das Hinterteil bleibt weit zurück.

• Bleiben Sie einige Zeit in dieser Umarmung. Spüren Sie Ihren Atem.

• Lassen Sie sich fühlen, in wieweit Energie in dieser Position zwischen Ihnen und Ihrem Partner fließt.

• Nun lösen Sie sich aus dieser Umarmung. Schauen Sie einander an.

• Atmen Sie tief in den Bauch ein und wieder aus. Und noch einmal: tief in den Bauch einatmen, ausatmen, entspannt weiteratmen.

• Gehen Sie nun so nah aufeinander zu, dass Sie einander berühren im Bereich Unterbauch, Becken, Oberschenkel.

• Umarmen Sie einander so, dass Sie Blickkontakt und die Bereiche Unterbauch, Becken, Genitalien, Oberschenkel unmittelbaren Kontakt miteinander haben. Diese Umarmung nennt man auch die Tantrische Umarmung; es ist eine Umarmung, in der die Energie auf der Ebene des Sexual-Chakras fließen kann.

• Bleiben Sie in dieser Umarmung. Lassen Sie sich atmen und spüren in den Fluss der körperlichen Energie.

• Nun lösen Sie sich voneinander

• Treten Sie einen Schritt zurück, halten Sie einander bei den Händen. Atmen Sie tief und frei und lassen Sie die Erfahrung dieser beiden unterschiedlichen Formen von Umarmung in sich nachklingen. Tauschen Sie sich über Ihr Erleben aus.

Die Rolle der Kraftzentren – Solarplexus-Chakra

Auf der Ebene des Solarplexus-Chakras entscheidet sich in unseren Begegnungen die Frage von machtvoller Präsenz und Führerschaft. Für die ungeheuer vielfältig in Erscheinung tretende vitale Energie aus dem Sexual-Chakra geht es an diesem Punkt um die Frage, ob sie nach außen oder nach innen fließt, ob sie in all ihrer Verve Raum für sich fordert – vielleicht gut dosiert, vielleicht maßlos –, ob sie sich nach innen verdichtet und wie eine Art Plombe wirkt. Das Solarplexus-Chakra stellt die Energie zur Verfügung, die aus einem Musiker einen Star macht und aus einem Angestellten eine Führungskraft. Das Machtgefälle, welches aus der Kraft des Solarplexus entsteht, spielt in jeder Beziehung, ganz gleich welcher, eine der fundamentalen Rollen.

Im besten Fall einer Begegnung treffen sich zwei Individuen, deren Solarplexus-Chakren beide gut geerdet und vital sind. Jeder spürt die Präsenz des anderen, durchaus auch sein aggressives Potenzial, und beide genießen den dadurch gestifteten kreativen Flow.

Viele Beziehungen beruhen hingegen nicht auf einem Gleichgewicht der Kräfte, sondern auf einem Machtgefälle. Dieses Gefälle kann beiden bewusst und von beiden akzeptiert sein. In anderen Beziehungen, besonders wenn zwei Alphatiere aufeinandertreffen, kommt es auf dieser Ebene zu nie endenden Machtkämpfen. Und dann gibt es da noch die vielen Paare, bei denen das Machtgefälle nicht akzeptiert ist, doch statt offensichtlicher Machtkämpfe andere Strategien herangezogen werden. Wenn der Schwächere den Stärkeren beneidet, ihm zürnt, ihn untergräbt, ihn öffentlich bloßstellt, von ihm verlangt, unter seinen Möglichkeiten zu leben, weil er die Illusion hat, die Schwächung des anderen könnte dabei helfen, die eigene Schwäche mit weniger Verletztheit und Bitterkeit zu ertragen. Diese Strategien sind ebenso häufig wie hoffnungslos.

Wenn Menschen auf dieser Ebene Gefahr laufen, Energie zu verlieren und damit auszubrennen, ist eine Form die, in der Rivalität zu verbrennen. Eine weitere Spielweise ist die, dass der stärkere der beiden mit der eigenen positiven Hinwendung zum anderen nur Hass und Blockade erntet. Die dritte Variante ist die gegenteilige, die darin besteht, sich stets als Unterlegenen zu empfinden und in der nie endenden Kränkung zu verglühen.

Eine Ursache für gravierende Probleme auf dieser Ebene ist oft, dass gerade starke Menschen vielleicht gar nicht wissen, wie mächtig sie sind. Engagieren sie sich, empfindet der Partner dies als Übergriff. Halten sie sich zurück, fühlen sie sich einsam und langweilen sich. Die hohe Kunst, eine für beide Seiten gute Situation zu erschaffen, besteht hier aber gerade darin, die eigene Kraft wirklich zu erkennen und zu lernen, sich zu dosieren. Es ist wie im Märchen, wo der einsame Riese – der von seiner eigenen Kraft nichts ahnt und diese auch nicht gut dosieren kann – alles, was er liebt, zerstört, sobald er es berührt. Die Konfrontation mit dieser eigenen Kraft ist häufig einer der Motoren im menschlichen Prozess der Persönlichkeitsentwicklung und Bewusstwerdung.

Stets war sie diejenige, die verlassen wurde. Und insofern war es ganz verständlich, dass Ella sich als Opfer sah. Und das war sie auch gewesen, aber in einem ganz anderen Sinne. Das wirklich Wesentliche für Ella war, zu begreifen, dass das mit ihrer Stärke zu tun hatte – eine Stärke, die sich erstmals in der Beziehung zur Mutter manifestiert hatte: Ella war ein außerordentlich kraftvolles und kreatives Kind gewesen, dessen brachiale Eigenständigkeit die Mutter völlig überfordert hatte. Ihre Tragik war, mit enormer Kraft geboren zu sein von einer Mutter, die ihr nicht gewachsen war; insofern war sie als Kind wirklich Opfer. Jetzt, als erwachsene Frau, durfte sie ihrer Kraft endlich gewahr werden, sie anerkennen, und nun begriff sie auch, was bislang in den meisten ihrer Liebes- und Arbeitsbeziehungen geschehen war: wie sie ihre meist schwächeren Partner erschreckt und überfordert hatte.

All dies – das Zerstörungspotential ihrer Kraft – zu sehen und zu verstehen, darin lag für Ella der Weg zu einem besseren Kontakt, zu einer tieferen Bezogenheit zu ihren Mitmenschen. Denn auf diesem Weg erfuhr sie mehr und mehr, dass sie mit eben dieser Kraft – wenn sie sie richtig einsetzt und achtsam mit Blick auf ihr Gegenüber dosiert – konstruktive und dauerhafte liebevolle Beziehungen gestalten kann.

Es ist eine Frage meiner Achtsamkeit und damit auch meiner Verantwortung, gerade wenn ich stark bin, meinem Gegenüber nur den Teil meiner Intensität zuzumuten, der in seiner Energie aufgehoben ist. Sonst bewahrheitet sich meine Befürchtung, dass ich unerträglich bin. Bei manchen Menschen ist es eine der großen und enormen Durchbrüche in ihrer Bewusstseinsentwicklung, wenn sie begreifen, dass der einzige Mensch, der sie aushalten muss, sie selber sind. Alle anderen tun dies, wenn überhaupt, freiwillig – und nicht etwa, weil ein Anspruch darauf bestünde. „Wenn du mich liebst, dann musst du mich ertragen", ist ein häufiger Irrtum einsamer Menschen.

Mancher denkt an dieser Stelle: „Ich habe es mir doch gedacht – wenn ich eine Beziehung will, dann muss ich mich so stark verbiegen, dass ich den Anderen mit meiner Intensität nicht irritiere. Mit meiner wahren Kraft bleibe ich allein." Gerade hier zeigt sich allerdings die große kommunikative Herausforderung, die darin besteht, gleichzeitig achtsam und wahrhaftig zu sein, zu mir zu stehen und gleichzeitig dosiert meine ganze Wahrheit über die Brücke zum Du dem Anderen zu offenbaren. Das Ziel ist dabei, vor allem in einer Liebesbeziehung langsam, aber sicher dem Anderen 100 Prozent meiner selbst anzuvertrauen.

Stellen Sie sich vor, Sie wollen den Inhalt einer Flasche in eine andere füllen. Dann drehen Sie auch nicht etwa die eine Flasche einfach um und schütten munter drauf los auf den Hals der anderen, um dann die andere Flasche wegen des verschütteten Inhalts für untauglich zu erklären. Nein. Stattdessen werden Sie mit ruhiger Hand in dem Tempo, das gerade möglich ist, sorgsam und vorsichtig den Inhalt der einen in die andere Flasche ergießen – ohne etwas zu verschütten. Anders gesagt: Auf der Brücke zum Du ist es nur selten eine erfolgversprechende Strategie, mit der Tür ins Haus zu fallen.

> ## Übung · Solarplexus-Chakra: „Die Brücke zum Du öffnen"
>
> Diese wunderschöne Übung kommt aus der Gestalttherapie.
>
> Sie und Ihr Übungspartner sitzen einander gegenüber.
>
> Nun bildet einer von Ihnen beiden mit der rechten Hand eine Faust.
>
> Der andere Partner hat nun die Aufgabe, sein Gegenüber – nonverbal, mit welchen Mitteln auch immer – dazu zu bewegen, die Faust zu öffnen.
>
> Lassen Sie sich viel Zeit. Öffnen Sie die Faust nicht aus Höflichkeit, sondern deshalb, weil Es sich in Ihnen öffnet.

Deutlich wird hier noch einmal, wie wesentlich das wahrhaftige, bewusste Selbst-Bezogensein für das Bezogensein auf den anderen ist. Im Bild der Brücke: wie wichtig die erste Brücke für das Gelingen der zweiten ist. Gerade im Solarplexus-Chakra manifestiert sich unsere Identität mit all ihren Facetten. Nur wer um seine eigene Stärke weiß, kann anderen Wesen begegnen, ohne – trotz besten Willens – Verletzungen zuzufügen.

Und umgekehrt gilt auch: Solange ich nicht die Brücke zum Du betrete, kann ich mir endlose Illusionen über mich selbst machen, ohne Korrekturen im Lichte der Realität befürchten zu müssen. Nicht wenige verbringen ein ganzes Leben in solchen Illusionen. Und manche leben so zurückgezogen oder, besser gesagt, so unbezogen, dass ihnen der Schmerz der Realitätsprüfung erspart bleibt – und ihnen die einzigartige Riesenchance dieser Prüfung entgeht! Denn diese Realitätsprüfung – dieser Reality-Check – geht, wenn es gut läuft, insbesondere auch in die Richtung, dass jemand auf der Brücke zum Du erfährt, wo er liebenswert, schön, attraktiv und fähig ist. Das Selbstwertgefühl – und darum geht es zentral im Solarplexus-Chakra – wird in einer energetisch nährenden Beziehung sozusagen unter Realitätsbezug gepäppelt.

Bezogen auf das Thema Burnout haben diese Prozesse insofern eine enorme Bedeutung, als das Ausmaß der erträglichen Realität, also unsere Wahrhaftigkeit, darüber entscheidet, ob die Begegnung zum anderen

Kraft kostet oder gibt: Je mehr ich den anderen über mein wahres Selbst belüge, desto mehr werde ich in meiner Beziehung, selbst wenn der andere mir glauben sollte, an Kraft verlieren. Die in der Psychiatrie beschriebene narzisstische Krise, die eine der Haupt-Burnout-Ursachen ist, kommt praktisch immer dadurch zustande, dass jemand fürchtet, am Höhepunkt seines Erfolges oder auch am Ende seines beruflichen Weges als Hochstapler enttarnt zu werden.

Genau die gegenteilige Erfahrung machen viele, wenn sie sich, aus welchen Gründen auch immer, genötigt fühlen, das, dessen sie sich am meisten schämen, auf der Brücke zum Du zu offenbaren. Fast immer entsteht dann der magische Moment, wo deutlich wird, dass das Gegenüber das als unerträglich Gedachte in Liebe annehmen kann. Scham schwindet und der Bezug zum Du wird zum Stifter neuen Selbstwertgefühls.

„Someone to love ...“ – Herz-Chakra

„Wenn ich mit Menschen- und mit Engelszungen redete und hätte der Liebe nicht, so wäre ich ein tönend Erz oder eine klingende Schelle.“ So poetisch besingt das Hohelied der Liebe die Bedeutung des Herz-Chakras.[6]

Zu betonen ist an dieser Stelle zunächst noch einmal: Die Herzebene der Begegnung ist keineswegs nur in Liebesbeziehungen von Bedeutung, sondern bei jeder Begegnung. Darum geht es beim Mit-dem-Herzen-Sehen – wie es das berühmte Zitat aus dem „kleinen Prinzen“[7] sagt: „… man sieht nur mit dem Herzen gut …“ Jede Begegnung mit einem anderen Lebewesen hat unter diesen Vorzeichen ihr ganz eigenes Potential, das merken wir ganz leicht beispielsweise im Kontakt mit Kindern, oder auch im Kontakt mit Tieren. Kleine Kinder und auch viele Tiere spüren ein offenes, beseeltes Herz ganz direkt, denn sie sind dafür sehr empfänglich. Wenn ich beispielsweise einem Hund mein Herz öffne, kommt er „auf die Brücke“ und antwortet in einer Weise, die mein Herz berührt. Und umkehrt: Der Kontakt mit Tieren – die Katze, die ankommt, wenn es „ihrem Menschen“ schlechtgeht –, kann in diesem Bereich ein erster

---

6) Die Bibel, Neues Testament, 1. Brief an die Korinther 13.
7) Antoine de Saint-Exupéry, „Der kleine Prinz“, Kapitel 21.

Anstoß sein, kann das Herz-Chakra quasi anstupsen. Empathie, Mitgefühl – das sind die Qualitäten, um die es beim Herz-Chakra zutiefst geht. Die Not anderer berührt mich, wenn ich sie mit dem Herzen anschaue. Und zwar bei jeder Begegnung. Auch in Geschäftsbeziehungen beispielsweise: Es ist die Herzebene, auf der sich entscheidet, ob Fairness ein Anliegen ist; ohne diese Ebene ist die sprichwörtliche Kaufmannsehre bloß ein Gedanke, der um des eigenen Vorteils willen ganz leicht hintangestellt wird. Die Herzebene ist jene, die unseren Begegnungen mit dem Du wirkliche Bezogenheit schenkt.

Fundamental ist das Herz-Chakra natürlich bei unseren intimen Beziehungen. Die Sexualität mag die machtvollste Dimension unseres Bezugs auf das Du sein – denn sie wirkt mit kraftvoll-libidinöser Wucht; doch erst mit der Herzensbindung wird der intime Bezug zur Bindung. Anders gesagt: Die Sexualität hat sicherlich die Macht einer instinktiven Urgewalt und wird nicht zu Unrecht verglichen mit einem heiß lodernden Feuer; doch ohne Herzensbeteiligung tendiert das Feuer oft in Richtung „Explosionshitze" – schnell vorüber und kaum wärmend. Viele Menschen erzählen von der Öde, die unpersönlicher Sex hinterlässt, One-Night-Stands beispielsweise, und von den Wunden, die ihnen in solchen Situationen geschlagen werden. Diese Öde ist der emotionale Ausdruck der Abwesenheit einer Begegnung auf der Herzebene.

Mit im Spiel ist die Herzebene zumeist, wenn Sexualität Glück erzeugt. Dabei können Herz- und Sexual-Chakra auf ganz unterschiedlichen Wegen zueinanderfinden. Diana Richardson beschreibt für die sexuelle Liebe beispielsweise einen Kreislauf, den sicherlich viele von uns aus dem eigenen Erleben bestätigen können: dass die sexuelle Lust der Frau sich auf der Herzebene vorbereitet und von dort in die Genitalien absteigt, während die männlich Sexualität sich auf der genitalen Ebene entzündet, um von dort aus zur Herzebene aufzusteigen.[8] So betrachtet lässt sich einiges an klassischen Missverständnissen zwischen den Geschlechtern erhellen. Beispielsweise, dass immer wieder Männer versuchen, durchaus

---

8) Siehe z.B. Diana Richardson, „Zeit für Liebe: Sex, Intimität und Ekstase in Beziehungen".

gut gemeint und aus dem eigenen Erleben auch sinnvoll, Frauen primär auf der Genitalebene zu erreichen, während Frauen, die ebenso wie die Männer von sich auf das andere Geschlecht schließen, den hoffnungslosen Versuch machen, die männliche Energie primär auf der Herzebene zu triggern. Plakativ gesagt, lautet die Botschaft des Mannes an die Frau: „Schlaf mit mir, dann liebe ich dich." Ihre Botschaft an ihn hingegen lautet: „Liebe mich, dann schlafe ich mit Dir." Hier ist viel Raum für Stärkungen der Herzebene eines Paares und der Überlebensfähigkeit der Beziehung durch Klarheit und Offenheit – also dadurch, dass die Sexualität zwischen beiden weniger missverständlich wird. Der Ansatz von Diane Richardson ist hier nur einer von sehr vielen verschiedenen, denen es durchweg darum geht, durch die intensivere Verflechtung der sexuellen und der Herzebene Liebesbeziehungen überlebensfähiger zu machen. Denn wenn das geschieht, wenn sexuelle und Herzensbegegnung zusammenkommen, entsteht eine höchst intensive Bezogenheit zum Du – eine verletzbar machende, aber zutiefst befriedigende Bindung.

Doch das glückt leider nicht immer. Nicht selten reißt der sexuelle Draht zu jemandem, und man bleibt dennoch, weil das Band des Herzens überlebt hat. Oder man geht fort, kehrt aber zurück, mit neuer Kraft ...

Sie war der Traum seines Lebens gewesen, und jetzt, an diesem Urlaubsmorgen, sie waren beim Espresso-Trinken, in bester Stimmung und voller Vorfreude auf den Tag am Strand, erkannte er mit namenlosem Entsetzen: Er liebte sie nicht mehr. Das konnte nicht sein! Er saß da, starr vor Schreck und hilflos, und den ganzen Tag über versuchte, er, dieses Grauen zu vergessen. Am Strand berührte er sie so liebevoll, wie er konnte. Er sah, wie sie die vertrauten, liebenden Berührungen genoss, und gleichzeitig spürte er, dass seine Hände keine liebende Energie mehr transportierten. Er hoffte dagegen an, plante eine Liebesnacht mit ihr – die würde es schon richten. Erstmals im Leben hatte er in dieser Nacht Erektionsprobleme, Schuldgefühle überschwemmten ihn, weil er sah, dass seine

Frau sich in Sicherheit wähnte, wo er es doch besser wusste. Er grübelte, woran es lag, und fand es nicht heraus. Er schlief ein in der Hoffnung auf Erlösung am nächsten Morgen. Doch der Morgen brachte nichts Neues. Sein Gefühl blieb so: Er liebte sie nicht mehr.

Als wir Bernd trafen, lag dieser Moment im Café auf der Urlaubsinsel drei Jahre zurück. Wir sahen einen zu tiefst unglücklichen, erschöpften, verzweifelten, völlig ausgelaugten Mann. „Es darf nicht sein, dass diese meine Liebe, die das Beste ist, was mir in meinem Leben passiert ist, vorbei ist", war sein Credo.

Natürlich hatte seine Frau damals irgendwann gemerkt, dass von ihm keine authentische, liebende Energie mehr zu ihr rüberkam. Aber sie vertraute ihm. Das würde vorübergehen, glaubte und hoffte sie. Mehr Zuwendung, mehr Aufmerksamkeit widmete sie ihm, um dann schließlich doch, genau wie er, zu resignieren. Ohne darüber zu sprechen, hatten beide entschieden, um der Liebe und der Kinder willen und weil sie einander Treue bis zum Tod versprochen hatten, ohne Sexualität weiter miteinander zu leben. Nach zwei Jahren entwickelte sie eine schwere Depression, die ihm vorübergehend die Chance bot, seine Liebe auf der Herzebene zu nutzen, um sie zu tragen und zu unterstützen. Schließlich hielt die Leere aber auch in sein Herz Einzug, und er brach ein in ein heftiges Burnout-Syndrom, das ihn am Ende arbeitsunfähig machte. Zu diesem Zeitpunkt lernten wir Bernd kennen.

Und dann ging es jäh, von einem Tag auf den anderen, mit ihm bergauf: Er verliebte sich bis über beide Ohren in eine andere Frau. Diese Verliebtheit gab ihm die Kraft, das Burnout zu überwinden. Er trennte sich von seiner Frau, und mit seiner neuen Partnerin erlebte er einen vitalisierenden Aufschwung, insbesondere auch eine berauschende Sexualität. Und doch kehrte er nach etwa zwei Jahren zu seiner Frau zurück; die Bindung an sie und die Kinder erwies sich letztendlich als so stark, dass er seiner neuen Partnerin auf der Herzebene nicht wirklich zur Verfügung stehen konnte. Und sogar das, worauf beide, seine Frau und *er, damals so lange vergeblich gehofft hatten, trat ein, infolge des erlebten Vermissens beiderseits, aber auch aufgrund dessen, dass sich seine Männlichkeit in der ekstatischen Begegnung mit der Geliebten regenerieren konnte: eine Wiederbelebung der Erotik.*

Eine eindrucksvolle Erfahrung, die man in der psychotherapeutischen Arbeit mit Paaren immer wieder macht, ist die, dass zwei Menschen, die auf der Herzebene wirklich miteinander verbunden sind, häufig kaum eine Chance haben, sich jemals wieder zu trennen. Deutlich wird das oft nach einer Scheidung: Der oder die Verlassene hat sich in der Regel redlich bemüht, bei einem neuen Partner eine neue Liebe zu finden, was in vielen Fällen nur halbherzig oder gar nicht gelang, weil der alte Partner nie irrelevant wurde und damit die neue Beziehung nie ganz sein konnte. Bildlich gesprochen: Der alte Partner zog aus dem Haus aus, meist aus dem Unterleib, oft auch aus dem Kopf, doch im Herzen blieb er wohnen. Und bei denjenigen, die ihre Partner seinerzeit verließen, nimmt man oft auch nach vielen Jahren noch eine tiefe Wunde der Schuld wahr; die neuen Beziehungen, auch wenn sie gut gelangen, wiesen häufig noch eine Art Lücke auf – eine Lücke, entstanden durch die Persistenz der vorherigen Partner.

Das soll jetzt nicht etwa ein Argument gegen Trennungen sein. Viele Beziehungen sind primär schwach und trennen sich leicht. Andere, auch sehr gute Beziehungen, erledigen sich im Lauf der Zeit, weil das gemeinsame Projekt fertig ist und ein neues nicht nachkommt. Dann ist es richtig, weiterzuziehen, und meistens, wenn es gut läuft, gelingt es dann nach einer Phase der Wut und der Trauer, den Partner in Liebe ziehen zu lassen; dann löst sich auch die gegenseitige Herzensbindung. Andere Beziehungen führen schon zu Beginn zu einer ganz tiefen Verbindung auf der Ebene des Herz-Chakras – selbst wenn die Beteiligten sich dessen manchmal nicht bewusst sind –, so dass eine Trennung auch mit noch so viel Mühe, manchmal auch mit Wut und Gewalt, nie ganz gelingt. Wichtig ist für unser Wohlergehen, dass wir diese tiefen Herzensbindungen ernstnehmen und wertschätzen – auch wenn sie mit gängigen Konventionen in Widerspruch geraten ...

Eine Frau mit zwei Männern ... Mit Martin hat Thea zwei Kinder, und mit ihm war sie fünfzehn Jahre verheiratet. Heute leben sie in einer Hausgemeinschaft; Martin wohnt im Dachgeschoss, Thea wohnt unten, mit den beiden Mädchen – und mit Frank. Frank ist ihr Mann: Mit ihm teilt sie ihren Alltag und ihre Sexualität. Es ist eine Hausgemeinschaft, auf der ein Segen liegt – und die sich vor Jahren niemand so hätte vorstellen können. Nicht im Traum wäre an so etwas zu denken gewesen, damals, nach der Scheidung, als Thea mit Frank zusammenzog. Eifersuchtskämpfe hatten zwischen den beiden Männern getobt und Thea das Leben schwergemacht. Martin hatte dann vehement versucht, sie aus seinem Leben zu streichen, Frank ebenso vehement um sie gekämpft in der Illusion, seinen Vorgänger aus ihrem Herzen zu vertreiben. Doch in Thea lebte die Liebe zu Martin fort, trotz der neuen Liebe zu Frank. Heute, zwanzig Jahre später, verbindet die drei eine im Wortsinn herzliche Beziehung.

Auf der Herz-Ebene werden die nachhaltigsten Bindungen hergestellt. Die Werbeindustrie weiß das längst; McDonald's wirbt mit dem Satz: „Ich liebe es" und Edeka mit „Wir lieben Lebensmittel" – Versuche, mit dem Kunden auf der Herzebene in Resonanz zu treten und so eine nachhaltige Kundenbindung zu erwirken.

Seelenverwandtschaft nennen wir Begegnungen auf Herzensebene machmal; und solche Seelenverwandte treffen wir gelegentlich auch im Alltag, ganz unverhofft und gottseidank ...

Er hatte nicht die geringste Lust auf diesen Empfang, aber er musste hin. Die wichtigen Leute der Stadt waren da, alle Honoratioren, und er musste sich zumindest für einige Stunden sehen lassen. „Niemals ganz von der Bühne wegbleiben", lautete die Devise in seinem Job. Und auch wenn er jetzt ganz oben war, galt für ihn immer noch: „Vitamin B ist das A und O." Aber das war jetzt schon der vierte Empfang in diesem Monat, und er war es leid. Jedes Mal langweilte er sich mehr, und jedes Mal trank er zu viel, weil er sich langweilte. Er übte mit dem Zwei-Euro-Stück den Münzentrick hinter dem Rücken, während der Stadtverordnete neuen Champagner orderte und die Frau des Bürgermeisters ans Rednerpult trat, um die neue Bürgerstiftung vorzustellen. Und dann zupfte ihn jemand am Ärmel. Ein Knirps von vielleicht acht Jahren sah zu ihm hoch. „Zeigst du mir den Trick?" „Leon, lass den Herrn in Ruhe!", rief sofort eine Dame in Nerz. Doch er winkte ab und verzog sich mit Leon in die Ecke links neben dem Buffet. Wo sie Zaubertricks austauschten, er und der Kleine, und sich über die größten Magier der Welt unterhielten, Houdini, Hanussen, Copperfield. Der Empfang ging vorbei wie nichts; und seine Laune war gut wie lange nicht mehr, als er stocknüchtern heimkam, mit einem Lächeln im Herzen und dem festen Vorsatz, „Harry Potter" zu lesen.

Wir alle kennen das aus unserem Alltag: unzählige Begegnungen und Situationen, in denen es um den Job und Geld, um Macht und Status oder Ähnliches geht – Situationen, auf die wir uns halbherzig einlassen, die großteils nur auf der Solarplexus-Ebene stattfinden. Das ist anstrengend, macht immer weniger Spaß und geht deshalb vielleicht immer mehr einher mit Kompensationsversuchen wie Alkohol etc. Aber wir glauben halt, wir müssten ... Wenn uns in einer solchen Situation dann aber unverhofft jemand begegnet, mit dessen Herz sich unser Herz berührt, dann sind wir plötzlich beseelt. Nicht mehr müde oder erschöpft oder gelangweilt, sondern voller Freude und Faszination, und wenn wir an einem solchen Abend schlafen gehen, fühlen wir uns erfüllt und kraftvoll. Wenn die Menge und die Intimität der Beziehungen, die wir haben, nicht ausreicht, um unsere Seele zu ernähren, wenn uns nicht genügend Herzenergie berührt, fühlen wir uns im Dasein verloren. Dann verlieren wir unsere Kraft, werden wir ängstlich, alles wird schwerer, wir müssen unsere Reserven aktivieren, um unsere Ich-Strukturen aufrechtzuerhalten. Sind diese Reserven erschöpft, dann brechen wir ein. Meist wird dann eine Depression diagnostiziert oder es wird gesagt, wir hätten Burnout.

Ein Blick in die Ursachenforschung von Burnout zeigt, dass außerordentlich häufig Lebenssituationen analysiert bzw. diagnostiziert werden, in denen der Bezug zum Du auf der Herzebene unmöglich ist. Dies ist beispielsweise oftmals das endscheidend Zerstörerische an einer Mobbingsituation: Dann stehen dem Betroffenen offiziell alle Türen der Firma offen, er kann jeden ansprechen, man ist höflich ... und wendet sich ab. Wenn er morgens ins Büro kommt, grüßt keiner. Es entsteht ein Gefühl völliger Isolation und Einsamkeit, das Gefühl, in einer herzlosen Welt zu sein. Zum Beispiel, wenn er allein ist im Büro und zufällig erfährt, dass die anderen gerade irgendwo anders beisammen sind, um den Geburtstag eines Kollegen zu feiern. Im Grundsatz ist das Niederschmetternde die Erfahrung, keinen Zugang zu den anderen auf der Ebene des Herz-Chakras zu haben. Die aus dieser Nicht-Existenz resultierende fehlende Spiegelung kann selbst starke Menschen in die Paranoia treiben.

Wenn Menschen in gewisser Weise herzlos sind, kann das ganz unterschiedliche Formen annehmen. Manchmal spüren sie diesen Mangel an Resonanzfähigkeit in einem liebenden Sinne, manchmal aber auch nicht. Menschen mit unterentwickeltem Herz-Chakra – anders gesagt: mit geringem Bezug zu ihrer Herz-Energie – sind, wie oben schon gesagt, oft sogenannte Frühgestörte, deren Hauptbeziehungsmotivation in der Beschwichtigung ihrer Verlassenheitsängste und der Befriedigung ihrer Macht-/Kontrollbedürfnisse liegt. Sie können ihren Partner nicht verlassen, weil sie zumindest subjektiv, oft auch objektiv von ihm abhängig sind.

Und der Partner entwickelt sich häufig nicht weiter, weil ihm Liebe zwar vorgegaukelt wird, eine wahre nährende Unterstützung aber nicht stattfindet. Dass hier für beide Partner seelische Krisen bis zum Burnout drohen, lässt sich leicht vorstellen. Dabei ist die grundlegende Beziehungsdynamik häufig in etwa so: Für den „herzlosen Part" dreht sich die Abwärtsspirale dergestalt, dass sich seine Verlassenheitsängste bis zur Panik steigern. Und sofern der andere sich evtl. wirklich zurückzieht, steigen die Ängste bis ins Unermessliche, was weitere Abwärtsdynamiken in Richtung Burnout in Gang setzt: innere Unruhe, Schlaflosigkeit, tiefe Erschöpfung, Energieverlust, Dekompensation ... Der andere Partner gleicht vielfach einem Sisyphos, der – manchmal über Jahrzehnte – einer Verheißung hinterherläuft und irgendwann erschöpft innehält. Paare, die in solch einer Beziehungskonstellation und -dynamik gefangen sind, bleiben oft kinderlos, was nicht zuletzt damit zu tun haben kann, dass die Kindrolle durch den einen der beiden Partner schon mehr als besetzt ist. Gibt es dennoch Kinder, sind diese oft emotional unversorgt; nicht wenige werden depressiv. Insgesamt bleibt dieses hochproblematische, defizitäre – durch „Herzlosigkeit" bedingte – Setting oft unbewusst und unerkannt – entsprechend unverstanden bleibt dann auch die daraus resultierende Burnoutproblematik. Der Lösungsweg liegt für ein solches Paar in intensiver Entwicklungsarbeit beider. Für denjenigen, der keinen Bezug zu seiner Herzenergie hat, geht es in der Regel zunächst um die Bewältigung seiner Verlassenheitsängste und die Entwicklung eines höheren Maßes an Autonomie – ein anspruchsvoller, oft mit viel Angst verbundener Prozess, der, wenn es gut läuft, identitätsstabilisierend wirkt. Auf dieser Grundlage wird dann das Fließen von Herzenergie möglich und das Sich-Einlassen in die Beziehung auf einem deutlich reiferen Niveau. Für den anderen Partner ist der Umfang der zu leistenden Entwicklungsarbeit normalerweise geringer; meist handelt es sich bei diesem Partner um einen Menschen, der als Kind von einem bedürftigen Elternteil dazu verführt wurde, sein eigenes Selbst im Dienste eines signifikanten Anderen zu vergessen; dann gilt es, dieses Selbst wiederzuentdecken. Ein wunderbares Bespiel ist der Bericht von Peter, einem 58-jährigen Manager. Ihm gilt unser besonderer Dank für die Erlaubnis, seine Geschichte, die er in sehr persönlicher Weise schildert, in unser Buch aufzunehmen:

> *„Als mir, im Rahmen einer Therapie, diese Problematik das erste Mal klar wurde, liefen mir die Tränen herunter. Ich war über drei Jahrzehnte verheiratet und glaubte wirklich, geliebt zu sein. Aber schlagartig wurde mir klar, dass die Verlassenheitsängste meiner Frau riesig waren. Ich hatte Jahrzehnte lang alles in meiner Kraft getan, um die Familie wirtschaftlich und sozial weiterzubringen, den Kindern ein guter Vater zu sein. Freunde hatten mir manchmal gesagt, sie seien von mir irritiert. Denn wenn sie mich in Kontexten außerhalb der Familie sahen, erlebten sie einen ungeheuer kraftvollen, zielstrebigen Mann. Innerhalb meiner Familie hingegen, besonders zusammen mit meiner Frau, kam ich ihnen anders vor: harmlos, freundlich und zuvorkommend, aber in einer, wie sie es beschrieben, seltsam dienenden Funktion. Ich fand das eigentlich ganz normal. Familie ging mir über alles. Deswegen dachte ich mir da nichts bei.*
>
> *Erst jetzt, wo ich mein Herz-Chakra in Verbindung zu meiner Frau überprüfe, erkenne ich, dass ich alle die Jahre intensive Verbindungen zu Menschen in meiner Nähe geknüpft, aber selten meine Frau miteinbezogen habe. Und dass sie im Gegenzug all diese Kontakte bekämpfte, eigentlich immer, und mehr und mehr von meiner Zeit für sich reklamierte. Ich merke jetzt, was für ein Drahtseilakt es war, alle zufriedenzustellen.*
>
> *Meine Frau hat als Kind von ihrer Mutter öfter zu hören bekommen, dass sie zur falschen Zeit auf die Welt gekommen sei, in schlechten, harten Zeiten. Und dass die Mutter auch versucht hatte, sie abzutreiben. Die ungeheuren Verlassenheitsängste meiner Frau aufgrund ihrer frühkindlichen Störung – diese Zusammenhänge sehe ich langsam klarer. Und ich sehe die Zerreißprobe, in der unsere Beziehung heute ist. Ich brauche die Herzensbindung, finde sie aber nicht. Wir werden älter, meine Kräfte*

schwinden, ich habe erste Burnout-Symptome. Die sexuelle Attraktivität meiner Frau nimmt ab, und auch das verstehe ich jetzt besser: Mit dem Älterwerden ändert sich auch mein Hormonhaushalt; das Testosteron der Jugend fehlt. Ich müsste es ersetzen durch Herzenergie, doch in unserer Ehe hat es an Herzenergie immer schon gemangelt. So wird es mir immer schwerer, freudvollen Sex zu haben.

Ja, ich fühle sehr deutlich, wie ich eine Plombe auf den Verlassenheitsängsten meiner Frau bin, zumal sie auch noch wirtschaftlich von mir abhängig ist. Und hinzu kommt noch etwas: Jetzt, wo unser Sohn depressiv dekompensierte, wird mir klar, dass die fehlende Herzenergie seiner Mutter möglicherweise auch ihn geschädigt hat. Er entwickelt eine massive Abgrenzungswut auf seine Mutter. Eigentlich, das begreife ich jetzt, ist es meine Wut, die ich nie wirklich gefühlt habe. Warum nicht? Wenn ich meine Biografie betrachte, sehe ich: Die Fürsorge für meine Mutter, nach dem frühen Tod meines Vaters, hatte etwa die gleichen Züge wie meine Fürsorge für meine Frau. Das ist die Parallele, die mein Verhalten in meiner Ehe bestimmt hat.

Erst heute beginne ich es zu begreifen: Die Erlösung aus meiner Hölle liegt darin, dass ich selbst Wünsche an das Leben haben darf, ich meine Sehnsucht nach echter warmer Herzenergie nur erfüllen kann, wenn ich sie im Gegenüber auch fühlen kann. Und dass dieses Spüren von Herzenergie etwas anderes ist wie das Bedienen von Verlassensängsten. Diese Rolle muss ich ablegen! Nicht, dass ich nicht gerne für andere da bin, aber unter dieser Rolle liegt viel von meinem Ich, was ich lange vergessen habe. Nur mit äußerster Anstrengung habe ich es manchmal ins Leben gebracht, und dann eben meist außerhalb der Beziehung zu meiner Frau. Deshalb hatten die Freunde Recht, wenn sie sagten, ich nehme eine seltsame Rolle ein, wenn ich im Kontext der Familie unterwegs bin. Die Rolle, die ich angenommen habe, um als Kind mit der verletzten Mutter zu überleben. Auch von ihr wollte ich Herzenergie, und sie war dazu zumindest seit dem Tod meines Vaters nicht mehr in der Lage. All meine Bemühungen, ein mustergültiger Sohn zu sein, haben daran nicht wirklich etwas ändern können. Ich habe treue Freunde, seit Jahrzehnten, die haben mir geholfen, mein Ich zu entwickeln.

Heute kann ich begreifen, wie Verlassenheitsängste meiner Frau aufgrund ihrer frühkindlichen Störung mit in die Wiege gelegt wurden. Ich verstehe uns besser: ihre Kämpfe um mehr Zeitanteil an meinen Leben und meine Versuche, immer wieder ihr Herz zu berühren. Meine Abgrenzungswut, die ich über Jahre unterdrückt habe und von der ich heute weiß, dass sie sinnvoll ist. Ich kann dann besser leben, meine innersten Lebensträume wiederfinden und kraftvoll leben. Vielleicht kann mein Sohn später erkennen, dass seine Wut auf seine Mutter, die ihn ständig und übergriffig mit ihren Nähewünschen konfrontierte, wichtig ist, um ins Leben zu kommen. Den Mann, den er gebraucht hätte als Vorbild, um zu wachsen, habe ich ihm ja leider als Vater nicht geboten.

Dass ich über all die Jahrzehnte nicht ausgebrannt bin, liegt wohl daran, dass meine anderen Chakren so viel Kraft zur Verfügung stellten, mich erdeten in einem klaren Lebenshorizont, mir erlaubten, mich geistig zu entwickeln. Aber mein Leben hätte so viel reicher sein können, das fühle ich jetzt wirklich. Meine Befreiung liegt darin, mein Herz wahrzunehmen. Mein Herz, wie es überquillt an Energie, und diese Energie auch im Leben zu realisieren.

Wir werden mit dem Tod einer Illusion beginnen müssen. Das Leben hat uns zusammengebracht, weil wir offensichtlich beide, und das lange Zeit, unbewusst Rollen eingenommen haben, unter denen wir unser wahres Ich verloren haben. Nun, nach Jahrzehnten einer Beziehung, finde ich, sollten wir uns gemeinsam auf die Suche nach unserer Herzensverbindung machen. Ich will hoffen, dass mein Herz in der Lage ist, sie zu begleiten."

Die Entwicklung der Fähigkeit, mit dem Herzen zu sehen, stellt einen guten Gradmesser für den Stand der Individuation dar. Je besser ein Mensch sich selbst kennt, desto fähiger ist er, immer größere Anteile seiner Seele in sein Selbstbild zu integrieren. Das hat auf der Begegnungsebene die Konsequenz, dass zunehmend mehr Projektionen – also die Wahrnehmung eigener Eigenschaften beim anderen – zurückgenommen werden können. Dieses führt unweigerlich dazu, dass ich den anderen immer klarer sehe. Wenn ich ihn klarer sehen kann, werde ich weniger das Bedürfnis haben, ihn zu verurteilen, und ich werde bei fast allen Menschen die Erfahrung machen, dass sie liebenswerte Wesen sind, die zwar auf der Suche nach sich selbst viele Fehler machen, aber ihr Bestes tun und deshalb Respekt und Anerkennung, in gewisser Weise auch Liebe verdienen. „Manchmal kann ich die Flügel sehen ... Ich sehe sie auch bei dir. Wenn du sie an allen sehen kannst, dann bist du fertig ...“ [9]

Das ist nichts, dessen man selbst oder der andere sich unbedingt bewusst wird. Herzenergie kann in einem breiten Strom fließen, ohne dass die Beteiligten es merken. Das liegt nicht allein daran, dass viele Menschen über liebende, positive Gefühle nicht gern sprechen. Viel wichtiger ist der Umstand, dass gerade eine Beziehung, in der viel Liebesenergie fließt, weil diese Liebesenergie viel Sicherheit gibt, eine optimale Bühne bietet, um eine Fülle an Egoproblemen abzuarbeiten.

Die Stimme des Herzens ist zwar hartnäckig – aber oft auch leise. Man muss schon hinhören. Und was das Argumentieren angeht, ist sie eher schlecht. Sie sagt einem manchmal einfach nur, was gut ist – ohne es auch nur im Geringsten zu begründen. Ja, meistens sagt sie es ganz ohne Worte! Dann kann man ihr einfach bloß folgen ...

Ein sechzehnjähriger Sohn, den man mit dem Wagen in die Stadt bringt, zur Silvesterfeier mit seinen Freunden ... Die Feier fand in einem leerstehenden Haus statt, irgendwo in einer mir fremden Gegend. Klar hat man da gemischte Gefühle. Insbesondere hatte ich das unbestimmte

9) Lena im Film „Wie im Himmel“ (Schweden 2005, R.: Kay Pollak).

Gefühl, dass mein Sohn an diesem Abend viel Alkohol trinken würde. Es war eine Ahnung, die mich den ganzen Abend verfolgte, und wegen der ich selbst wohl gar nichts trank. Schließlich, ich wollte gerade schlafen gehen, klingelte das Telefon. Er war dran. Er sei irgendwo in der Innenstadt, habe aber keine Ahnung, wo. Habe sich verlaufen. Genauso hatte ich es befürchtet: Mein Junge lief betrunken und orientierungslos durch die Gegend. Ich fragte ihn nach den Straßennamen, bekam heraus, wo er war, und sprang ins Auto, um ihn abzuholen. Als ich an der Telefonzelle ankam, sah ich ihn an eine Laterne gelehnt, rauchend. Geraucht hatte er vorher noch nie.

„Papa, bist du es?" Er öffnete die Beifahrertür und stieg ein, und ich war verdammt froh, ihn mit nach Hause nehmen zu können. Der Rausch würde schon verfliegen und dann wäre er morgen schon wieder der Alte. Als wir durch die Vorstadt fuhren, kurbelte er das Fenster herunter und meinte, leicht lallend, „Wo fährst du denn hin, ich will wieder zur Party".

„Nein", sagte die Stimme des fürsorglichen Vaters in mir. „Der gehört nach Hause ins Bett." Doch da war auch noch eine andere Stimme in mir, und ich entschied mich spontan, ihn wieder zur Party zu fahren.

Beim Partyhaus angekommen, stieg er aus dem Wagen, fiel im Vorgarten der Länge nach hin und wurde unter dem Gejohle seiner Freunde wieder ins Haus geholt. Am Neujahrsnachmittag kam er etwas zerzaust, aber unversehrt nach Hause.

Jahre später sagte er mir, er hätte damals niemals damit gerechnet, dass ich ihn auf die Party zurückfahren würde, und er sei mir unendlich dankbar dafür. Er habe sich an dem Abend zum ersten Mal in seinem Leben wirklich als Erwachsener gefühlt.

Nicht nur für ihn, für uns beide war dieser Moment in der Silvesternacht ein wichtiges Ereignis. Sicher, auf der Vernunftebene, und wenn es nach meinen Verlustängsten gegangen wäre, hätte es gute Gründe für völlig andere Maßnahmen gegeben. Aber ich bin froh, dass ich dieser anderen Stimme gehorcht habe, der meines und seines Herzens.

Übung · Herz-Chakra: „Der heilende Blick"

Diese Partnerübung kennen Sie schon von der ‚Brücke zum Selbst' – nun wird statt des Spiegelbildes der Andere mit der Energie des Herzens angeschaut. Diese Übung bringt Sie in Kontakt mit Ihrer Herzenskraft und mit der Herzenskraft Ihres Partners – mit der fühlenden Energie Ihrer beider Herzen …

• Suchen Sie sich einen ruhigen, geschützten Ort. Lassen Sie Ihren Partner die Übungsanweisung lesen oder lesen Sie sie ihm vor. Vereinbaren Sie das Zeitfenster: Nehmen Sie sich etwa zehn Minuten. Stellen Sie einen Wecker, damit Sie beide während der Übung nicht auf die Zeit achten müssen und sich ganz auf die Übung einlassen können.

• Nun setzen Sie beide sich bequem voreinander hin, als wollten Sie ein Gespräch miteinander führen. Schließen Sie beide Ihre Augen und lassen Sie sich spüren, wie Sie beim Einatmen ganz besonders Ihr Herz wahrnehmen. Sie erleben dabei, wie Ihr Herz voller Liebe ist. Sie atmen ein paar Mal ein und wieder aus und lassen sich dies spüren, bis es Ihnen vorkommt, als fließe Ihr Herz über vor Liebe.

• Sie lassen die Augen noch geschlossen, machen sich nun langsam bereit, dem Anderen im Blickkontakt zu begegnen. Stellen Sie sich vor, wie Sie weiterhin beim Einatmen tief in Ihr Herz spüren. Stellen Sie sich vor, mit dem Ausatmen lassen Sie diese Liebesenergie durch Ihre Augen nach außen strömen.

• Öffnen Sie nun langsam die Augen und schauen Sie den Anderen an. Lassen Sie die Liebe Ihres Herzens mit Ihrem Blick zu Ihrem Gegenüber strömen. Legen Sie alle Wärme, alle Freude und auch alle Barmherzigkeit, deren Sie fähig sind, in Ihren Blick und schauen Sie den Anderen an. Und dann lassen Sie, im Ausatmen, sich ganz leise, fast flüsternd, zum Anderen sprechen mit Worten, die von Ihrem Herzen getragen sind: „Ich liebe dich", so intensiv, so wie es für Sie, für dieses Gegenüber angemessen ist. „Ich liebe dich."

- Lassen Sie sich dieses wiederholen, und wiederholen …
- Lassen Sie sich bei jedem Wiederholen spüren, wie Sie diese Worte immer klarer, mit der ganzen Wahrheit Ihrer Seele füllen.
- Und empfangen Sie die Worte, die Ihr Gegenüber ganz leise zu Ihnen spricht: „Ich liebe dich." Lassen Sie es zu.
- Sie flüstern die Worte und Sie empfangen sie.
- Spüren Sie die Kraft, die mit jedem Atemzug das Gefühl in Ihnen verstärkt, dass Sie beide beseelt sind. Fühlen Sie.
- Wenn dann der Wecker klingelt, schließen Sie Augen, atmen drei Mal tief und sanft in den Bauch, und öffnen die Augen.
- Verabschieden Sie sich voneinander und ruhen Sie noch ein paar Minuten aus.

„…talking to you …": Kehl-Chakra

Das Kehl-Chakra meint Selbstausdruck, und das schönste Instrument ist hier die menschliche Stimme. Es meint: sich zeigen. Und dieses Sich-Zeigen ist immer auch Kommunikation. Und auch hier ist die menschliche Stimme das schönste Instrument. Schon in der Schwangerschaft stellt die liebende Stimme der Mutter neben der Aktivität der anderen Chakren eine wesentliche Brücke zum Fötus dar und legt in dieser Zeit ebenso wie mit der Musik, die sie hört, wesentliche Grundlagen für die späteren Freuden und Vorlieben ihres Kindes.

Hier geht es in vielerlei Hinsicht um die Sprache – aber nicht nur! Selbstausdruck und Kommunikation über das Kehl-Chakra hat sehr viel mehr Dimensionen als bloß die sprachliche – und auch die sprachliche Dimension besteht aus viel mehr als nur Worten. „Der Ton macht die Musik", sagt der Volksmund. Und damit gemeint ist genau das: Wie wir die Wörter aussprechen, ist wichtig. Ob kalt und schneidend oder warmherzig, ob mit fiepsigem Babystimmchen oder sonor. Wir alle haben die Erfahrung gemacht, wie eine sanft liebende Stimme uns auf allen Ebenen für unser Gegenüber öffnet, während eine schneidende Stimme uns in der Regel verschließt. Und dann ist da außerdem der riesige prä- und nonverbale Bereich. Ein Seufzer, der aus dem Herzen kommt, sagt oft mehr als tausend Worte. Paare, die sich laut lieben, kommen einander oft sehr nah.

Eines der grundlegenden Probleme, die viele von uns mit der Stimme haben, ist, dass die Stimme das Organ ist, das einen Menschen eindeutig hörbar macht. Die Stimme ist der Weg, auf dem ein Mensch nach außen hin zu sich selbst steht, und damit verbinden viele das Risiko des Sich-lächerlich-Machens, Sich-Blamierens, der ultimativen Bloßstellung.

Und damit nicht genug; vielen von uns haben Kränkung, Scham, innere Not die Stimme verschlagen; sie haben so sehr gelernt, ihre Stimme zu unterdrücken, dass sie vergessen haben, wie sie klingt. Die Tragik liegt hier oft darin, dass sie tiefe, zugewandte, aber auch ängstliche und wütende Gefühle haben, die unerlöst bleiben, weil die Energieblockade auf der Ebene des Kehl-Chakras sie daran hindert, ihr Gegenüber wirklich zu erreichen. Doch wie wir heute wissen, bleiben Gefühle, die keinen Ausdruck finden, in aller Regel erhalten. Viele von uns liegen nachts wach und stellen sich vor, wie sie ihrem Widersacher verbal die Stirn bieten – viele brillante, schlagfertige Formulierungen fallen ihnen dann auf einmal ein. Oder wie sie es endlich wagen, einem geliebten Menschen endlich ihre Liebe zu gestehen. Zahllose Dialoge finden im Inneren statt und bleiben im Außen stumm. Der Schlaf bleibt unruhig, die Tiefschlafphasen vermindern sich. Man wacht morgens müde, wie gerädert auf. Nachdem die Nacht mehr Kräfte verbrauchte als erschuf, wird der Tag anstrengender, und man fühlt sich schwächer, hilfloser, ausgelieferter, und es entsteht die Abwärtsspirale, die dann in ein Burnout-Syndrom münden kann. Oft denkt keiner daran, dass am Anfang der fatalen Entwicklung eine Hemmung stand, auszudrücken, was damals noch – bei aller existenziellen Wichtigkeit – gut hätte getragen werden können. Wenn man viele Menschen in ihrem Leben begleitet und gelernt hat, darauf zu achten, stellt man deutlich fest, wie viel unerlöstes Leben und auch wie viel Angst und Einsamkeit hinter der verschlossenen Pforte der Seele wohnen. Umgekehrt gibt es wenige Situationen, in denen Befreiung so überaus deutlich wird, wie solche, in denen die Stimme befreit wird. Selbst in sehr gehemmten Welten erleben manche schon den gebändigten Ausdruck ihrer Stimme beim Singen im Chor, wo sie im sozial sanktionierten Container der anderen Stimmen geborgen ist, eine ritualisierte Befreiung. Oder beim Schlachtgeschrei der Fußballfans. Über die Stimme kann hier, analog dem Dampfkessel, entlastet werden, ohne dem ultimativen Risiko ausgesetzt zu sein, sich an ein persönliches Du zu wenden. Hier, beim Ausbleiben des Sich-an-ein-Du-Wendens, liegt auch eine der Grenzen dessen, was mit bioenergetischen Übungen und vielen Atemtechniken, wie dem holotropen Atmen,[10] erreicht werden kann. Meist wird die Stimme zwar befreit über die Atmung und die Menschen machen die wunderbare Erfahrung, sich selbst überhaupt hören zu können, doch wenn es um persönliche Inhalte geht, bleiben sehr viele dem anderen gegenüber stumm. Dabei birgt gerade das Kehl-Chakra als Brücke zum Du enormes Potential für die persönliche Weiterentwicklung.

Das, was mich in meinem Inneren bewegt – mit der gleichen Intensität, mit der ich mein Selbst erkunde, und mit Achtsamkeit und Dosierung – dem Du anzuvertrauen, das ist der entscheidende Schritt auf die Brücke zum Du. Und genauso wichtig ist es, das oft riesige Wagnis einzugehen, mich dem zu öffnen, was mein Gegenüber in Wirklichkeit für mich bedeutet. Wenn mein Gegenüber anfangs eine Rolle für mein narzisstisches Gleichgewicht spielte, ist jetzt der Moment, mich seiner Wahrheit als dem eigenständigen Anderen auszusetzen. Einfacher könnte man es so ausdrücken, dass es gleichermaßen wichtig ist, mich zu äußern und zuzuhören. Wir sind alle von der Resonanz abhängig, die unsere Mitwelt uns geben kann. Und das ist zuallererst schlicht und einfach die Resonanz des Gesprächs.

Manche von uns kommen gar nicht richtig ins Leben angesichts irgendwelcher Themen, die sie nie an- und auszusprechen wagen. Sie können

---

10) Besonders schnelleres und tiefes Atmen, siehe Stanislav Grof: „Das Abenteuer der Selbstentdeckung".

einfach nicht darüber reden, weil sie sicher sind, der Schmerz würde zu groß werden oder sie würden die Demütigung nicht überleben. Bloßstellung und Blamage fühlen sich in solchen Konflikten an wie Vernichtung. Ja, es ist wirklich Todesangst, was einen dann umtreibt. Manchmal wird jedoch das Grauen so gewaltig, dass es stärker ist als die Angst vor Beschämung. In diesen Situationen kann es passieren, dass sich die Pforten des Kehl-Chakras öffnen, man spricht erstmals im Leben über das Unsagbare. Zumeist stellt man dann fest, dass es halb so schlimm ist. Das Unaussprechliche wurde gesagt, und Lebensenergie, die lange stagnierte, kann endlich fließen. Manchmal gelingt das schnell, und vordergründig hochbedrohliche Krisen lösen sich auf, als wären sie nie dagewesen. Es hat immer wieder etwas von einem Wunder. Dabei ist eines von ganz elementarer Bedeutung: Es reicht nicht, sich seine Ängste und Schwächen selbst einzugestehen. Es ist unabdingbar nötig, seine Ängste und Schwächen mit klar hörbarer Stimme einem Gegenüber einzugestehen. Erst wenn wir das wagen, kann das Wunder geschehen, dass die Brücke zum Du von beiden Seiten geöffnet wird und die lange unterdrückte Angst sich im gegenseitigen Verstehen auflöst. Hier liegt eine der unmittelbar hilfreichen Aspekte des Bezugs zum Du, wie ihn beispielsweise die Psychotherapie oder auch die Beichte anbietet. Allein die Möglichkeit, das vorher Ungesagte einem Gegenüber sagen zu können, bedeutet oft schon einen gigantischen, entlastenden Schritt heraus aus einer erlebten Hölle.

Übung · Kehl-Chakra: „Gemeinsam Klingen und Tönen"

Machen Sie gemeinsam mit Ihrem Partner die Übung „Klingen und Tönen", die für die Brücke zum Selbst beschrieben wird (Seite 49). Der Unterschied ist, dass Sie sich beide zusammen dem Erklingenlassen von Tönen hingeben und dabei achtsam und spielerisch mit den Tönen so umgehen, dass Sie ein gemeinsames Schwingen erfahren. Eine großartige Einstimmung auf diese Übung ist der Film „Wie im Himmel".

„Mode-Chakra?" – Stirn-Chakra

Das Stirn-Chakra oder „dritte Auge" entspricht dem Erkennen. Es umfasst sowohl das logische Denken wie die Intuition, sowohl die Fähigkeit zur Konzentration wie die zur Imagination und Vision. Wenn es gut läuft, kommt alles zusammen, und im Bezug auf das Du schafft es jene Brücke der Begegnung, die erlaubt, gemeinsam abzuheben – die Inspiration. Hier liegt die Energie, die Freunde, Kollegen und Liebende dabei unterstützt, Zukünftiges zu planen. Hier werden die gemeinsamen Projekte, die Ideen und Visionen geboren, die Kraft schenken und für Jahrzehnte verbinden.

Sicherlich kann man das dritte Auge zurzeit als „Mode-Chakra" unserer westlichen Kultur bezeichnen, und das hat sowohl positive, begrüßenswerte als auch problematische Aspekte. Gut und erfreulich ist, dass die Menschen grundsätzlich offener und empfänglicher geworden sind für intuitive Erfahrungsebenen – beispielsweise im Zuge des immensen Einflusses fernöstlicher, etwa hinduistischer und buddhistischer Lehren. Diese gesteigerte Offenheit und Empfänglichkeit äußert sich sowohl in weltanschaulichen Hinsichten als auch auf ganz praktischen Ebenen, beispielsweise in der um sich greifenden Bereitschaft der Menschen, diesbezüglich hochwirksame Elemente wie etwa Meditation in ihren Alltag einzubauen. Unermesslich viele Menschen haben sich auf diese Art in sehr gute Richtungen weiterentwickelt; sie steigerten ihre Empathie für einander, für andere Lebewesen und die Natur insgesamt. Sie haben sich mit großer Sorgfalt auf den Weg nach innen gemacht, haben den Bezug zu ihrer – vielleicht lange stummen oder überhörten – inneren Stimme wiedergefunden. Sie haben auf diesen Wegen unzählige Möglichkeiten entdeckt, persönliches Wachstum und Beziehungsfähigkeit zu befördern: Eine positive, aus einem stabilen Selbst stammende Annahme der intuitiven Kräfte ist ein sehr wesentlicher Beitrag zu einem freudigen und erfüllten Leben, und gerade in Bezug auf ein Du spielen intuitive Elemente eine große Rolle; wirklich tiefe Empathie ist ohne energetischen Fluss auf dieser Ebene unvorstellbar.

Eine Schattenseite dieser an sich sehr begrüßenswerten Entwicklungen ist gelegentlich eine gewisse Einseitigkeit, die sich nicht selten äußert in Blindgläubigkeit bis zur Denkfaulheit. Dann wird schlichtweg alles schon deshalb als wahrhaftig akzeptiert, weil es einer wie auch immer gearteten Intuition entstamme; in letzter Konsequenz kann das münden in die kollektive Bestätigung von Blödsinn.

Meine Kollegin engagierte sich in Herzkreisen – das sind Geldsammelclubs zur Durchführung von Pyramidenspielen. Sie wollte mich unbedingt dafür gewinnen und nahm es mir sehr übel, als ich sagte: „Ohne mich. Das ist eine reine Ausnehmmasche, bei der bloß die gewinnen, die ganz oben in der Pyramide stehen."

„Nein", sagte sie, vehement und im Brustton der Überzeugung. „Die Geldsammelaktion in meinem Herzkreis sieht vielleicht so aus wie die früheren Pyramidenspiele, die du kennst. Aber in Wirklichkeit ist so ein Herzkreis doch was völlig anderes! Es handelt sich dabei nämlich um eine Aktivität von Frauen für Frauen, also auf der Grundlage weiblicher Intuition. Und da gelten andere Regeln. Die Pyramidenspiele, die du meinst, funktionieren nach den Regeln der Mathematik. Und klar, das ist reine Verarsche. Aber weibliche Intuition, da gelten andere Regeln ..." Zehntausend Euro Schaden belehrten sie ein halbes Jahr später eines Besseren.

Solche Vorkommnisse gibt es zuhauf. Sie haben mit der im Grundsatz durchaus plausiblen Annahme zu tun, dass Intuition Vertrauen braucht, um nicht rationalisierenden Zweifeln zum Opfer zu fallen. Doch eines ist an diesem Punkt sehr wichtig und wird oft übersehen: Intuition, die in einem klaren Realitätsbezug ankert, ist ein so evidentes Gefühl, dass ihr Zweifel nichts anhaben können. Fehlt allerdings ein klarer Realitätsbezug, besteht die Gefahr, dass statt der existenziell erlebten Evidenz einer intuitiven Erkenntnis die kritiklose Übernahme einer irrationalen Sehnsucht in die Realitätswahrnehmung hinein stattfindet. Dann steht am Ende dieser Erfahrung nicht etwa der ersehnte Reichtum, sondern man zahlt viel Lehrgeld. Manche Menschen fühlen sich dann, wenn das Leben sie belehrt, als Opfer einer ungerechten Welt. Hilfreicher ist es zu begreifen, dass in solchen Fällen intuitive Kenntnis verwechselt wurde mit den eigenen Sehnsüchten.

Kurz und gut: Wenn das Stirn-Chakra heute ein „Mode-Chakra" ist, hat das oft auch zu tun mit einem Missverständnis, wonach dieses Chakra ausschließlich die intuitive Seite des Geistigen meine. Doch das ist eine Verengung; das dritte Auge meint beides: die gedankliche und die intuitive geistige Aktivität; und es bedarf insbesondere der Verankerung im Realitätsbezug. Die Devise lautet nicht: Herz oder Verstand, sondern: Herz und Verstand, intuitives Erkennen und logisches Denken. Vision und Wirklichkeit. Dann besteht auf der Ebene des dritten Auges die Chance auf eine intensive, inspirative Begegnung, bei der die Kräfte beider Partner, aus der Tiefe aufsteigend, über die unteren Chakren, zu- und ineinanderfließen und sich zu umfassendem Erkennen verbinden.

Übung · Stirn-Chakra: „Der gemeinsame Traum"

Für diese Partnerübung suchen Sie sich einen ruhigen Raum. Tragen Sie leichte Kleidung, die Sie in keiner Weise einengt. Stellen Sie einen Wecker auf zehn Minuten, dann können Sie sich beide ganz der Übung hingeben, ohne auf die Uhr schauen zu müssen. Legen Sie Musik auf, die nach Ihrer Erfahrung geeignet ist, Bilder und Träume in Ihnen aufsteigen zulassen.

• Setzen Sie sich bequem einander gegenüber, so dass die Knie einander berühren.

• Schauen Sie einander an, ohne ins Starren/Fixieren zu verfallen.

• Stellen Sie sich nun vor, Sie schauen auf das dritte Auge, vielleicht sogar in das dritte Auge Ihres Gegenübers, ohne zu fokussieren – so, dass zwischen Ihrem dritten Auge und dem Ihres Partners ein lichtes Band fühlbar ist.

• Meditieren Sie in diese Verbindung und lassen Sie sich dabei tief atmen.

• Nach zehn Minuten reichen Sie einander die Hände und tauschen sich aus über die Bilder, die Ihnen kamen.

„Transformation ..." – Scheitel-Chakra

Die höchste und, wie man sagt, „feinstofflichste" energetische Brücke auf dem Weg zum Du hat in der Systematik der Chakren ihren Ausgangspunkt im Scheitel-Chakra. Pragmatisch gesehen entspricht sie dem höchsten Punkt der Transformation der – mit dem Erdboden verbindenden – aufsteigenden Körperenergie und ist gleichzeitig die Eintrittspforte der lichten, spirituellen Energie. „Das Göttliche in uns" – hier soll es seinen Ort haben. Wir alle wissen letztlich nicht sicher, welcher Art wohl die Energie ist, über die wir hier sprechen. Doch sicher ist: Begegnungen, die hiermit zu tun haben, kennen viele von uns als eine unwiderlegbar evidente Erfahrung einer ganz tiefen gemeinsamen Wahrheit in besonders erfüllenden Sternstunden unseres Bezogenseins – vielleicht erfahren in Momenten ekstatischer Begegnung mit der Natur oder mit anderen Menschen und besonders in den Sternstunden unserer sexuellen Erlebnisse. Diese höchste Intensität von erlebter Beziehung ist weder an Mann noch Frau noch überhaupt an Menschen gebunden. Im Gegenteil: neben der Sexualität ist die Naturerfahrung ein wesentlicher Bereich, in dem diese Erfahrung oft gemacht wird. Der Blick in die Augen einer kleinen Schwalbe kann es sein.[11] Viele kennen diese Art des Bezogenseins als die höchste mögliche Stufe sexueller Vereinigung, andere erleben das gleiche beim achtsamen Blick in die Augen eines Gegenübers, das sich in der Begegnung öffnet und uns, während wir den Blick in seine tiefste Seele erleben dürfen, eben in jene Tiefe unserer Seele blickt. Die meisten Menschen haben solche Erlebnisse in ihrem Leben. Diese Erfahrungen bilden das Material, aus dem manchmal die Frage nach dem Sinn des Lebens beantwortet werden kann, die Sinnhaftigkeit

---

11) Siehe: Wolfgang Krahé, Heinz-Jürgen Weigt: „Wie geht es dir".

der Existenz, speziell auch der eigenen persönlichen Existenz, unbestreitbar wird.

Manchmal ahnen wir diese Art der Verbindung, wenn uns jemand gerade anruft, in dem Moment, in dem wir ihm eine SMS schreiben – womöglich jemand, den wir jahrzehntelang nicht gesehen haben und mit dem wir gemeinsam die Erfahrung machen, dass dennoch über die Lebensalter hinweg, über alle Krisen, Ehen, Berufe und Länder hinweg unsere Leben doch sinnvoll, im Sinne von voll mit Sinn, miteinander verbunden geblieben sind.

Die Psychologie nennt das, woran man hier beispielsweise denken kann, in Anlehnung an C.G. Jung und Karlfried Graf Dürckheim eine numinose Begegnung; „numinos" meint „überwirklich", „göttlich", „einen Schauder erregend", „heilig". Grundsätzlich ist man hier, was die „disziplinäre Zuständigkeit" angeht, im Übergangsbereich von Psychologie und Spiritualität – ein Übergangsbereich, für den Ken Wilber z.B. den Begriff transformative Psychologie geprägt hat; auch der Begriff spirituelle Psychologie beschreibt diesen Übergangsbereich treffend.[12]

Wenn sich ein Mensch seinem eigenen spirituellen Erleben gut verbunden fühlt, treten seelische Störungen wie Burnout an diesem Punkt des Bezugs zu einem Du allenfalls dann auf, wenn diese Verbindung eine missbräuchliche Komponente hat. Spirituelle Psychologie braucht „Bewegungsfreiheit". Und Beziehungen mit einer Missbrauchskomponente entlarven sich auf dieser Ebene häufig dadurch, dass der missbrauchende Partner ebendiese Freiheit nicht gewähren kann: dass er versucht, den anderen auf der spirituellen Ebene „zu binden", und ihm damit die Möglichkeit transformativer Entwicklungsprozesse verwehrt. Freiheit bedeutet auf dieser Ebene die Gewissheit, mit der Erlaubnis, spirituell gesprochen, mit dem Segen des anderen aufbrechen zu dürfen.

Völlig unvereinbar mit einem Burnout sind Begegnungen „von gleich zu gleich", bei denen sich die Energie zweier Scheitel-Chakren berührt.

Man kann, wenn man darauf zu achten beginnt, ein Gefühl dafür

---

12) Siehe z.B.: Ken Wilber, „Wege zum Selbst".

entwickeln, wie es um diese Ebene beim anderen bestellt ist. Je offener und lebendiger ein Mensch in diesem Bereich ist, desto freier und ungehinderter und doch auch achtsam fließt sein geistiger Prozess, und umso unmittelbarer fühlt man sich mit ihm in einer Begegnung verbunden. Einen Menschen mit einem wenig offenen Scheitel-Chakra zeichnet hingegen oft ein hohes Maß an weltanschaulicher Rigidität aus; er errichtet zumeist zum Gegenüber die gleiche Mauer wie auch zum Transpersonalen hin; diese Mauer besteht dann aus dem aggressiv bewährten Tabu weltanschaulicher Prinzipien, die er nicht relativieren kann. Beinahe könnte man sagen, einem Fanatiker bleibt der Himmel auf immer verschlossen.

Eine verbreitete Gefahr liegt in Bezug auf ein Du auf der Ebene des Scheitel-Chakras darin, sich von einer wie auch immer gearteten Pseudospiritualität vereinnahmen zu lassen. In diesem Fall wird die Brücke zum Du in gewisser Weise durch einen Betrug – eine weitere Spielweise des gerade angesprochenen Missbrauchs – unpassierbar; im Grunde wird bloß eine illusionäre Brücke geschlagen. Das passiert, wenn charismatische „Möchtegern-Gurus" auf Menschen treffen, die aufgrund erlebter spiritueller Sehnsucht – oft wegen ihres Leidens an Gefühlen der Ungeborgenheit im Leben – leichtgläubig, manchmal wie Ertrinkende oder Süchtige, bereit sind, auf praktisch jeden vorbeifahrenden spirituellen Zug aufzuspringen, wenn er nur Sinn und Geborgenheit verspricht. Gerade „Möchtegern-Gurus" und Pseudo-Erleuchtete, die „Erleuchtung im Schnellverfahren" erfahren zu haben glauben und anbieten – man kann dieses Phänomen mit dem Begriff der Illuminatio praecox beschreiben in Analogie zur Dementia praecox, dem jugendlichen Irresein in der Psychiatrie –, sind oft in der Lage, dank charismatischer Persönlichkeitsanteile andere dazu zu verführen, sich ihnen als spirituelle Schüler anzuvertrauen. Die Transaktion ist einfach: Der angebliche Meister verspricht eine Begegnung, zu der es niemals kommt. Der Schüler folgt der Verlockung einer spirituellen Fata Morgana. Für das Burnout-Thema hat das insofern große Relevanz, als Pseudo-Erleuchtete meistens attraktive, aber extrem gierige und bedürftige Personen sind, die Wege gefunden haben, andere in ihren Dienst zu stellen mit dem Versprechen wie auch immer gearteter Belohnung. Diese Belohnung bleibt aus, und der Moment, in dem dies deutlich wird – in dem die Illusion zusammenbricht –, hat manchen leidenschaftlich Suchenden in Burnout-Situationen getrieben, bis hin zu Burnout-Katastrophen, die im Suizid endeten.

Wahre spirituelle Tiefe ist auch in der Begegnung mit dem Du ein stilles Phänomen. Man kann es nicht vermitteln, und doch geht es, wenn man seiner teilhaftig ist, auf das Gegenüber über. Die eigentliche Lehre eines Meisters besteht dann darin, einfach da zu sein, und wenn der Schüler präsent ist, dann geschieht es einfach, dass sich die Brücke zum Du öffnet – und damit auch die Brücke zum Transpersonalen.

Wenn Sie überlegen, ob Sie sich einem Meister als Schüler anvertrauen sollten – und das kann ebenso gut ein Coach, ein Lehrer, ein Sporttrainer sein –, sei Ihnen folgende Frage eine erste Orientierungshilfe: „Gibt mir das, was ich hier erlebe, Energie, oder verspricht es mir Energie in einer Zukunft, die ich vorerst mit Energie bezahlen muss?" Trifft Letzteres zu, sind Sie sicher gut beraten, nochmals genauer hinzuschauen – und im Zweifelsfall davonzulaufen.

Übung · Scheitel-Chakra: „Der transpersonale Kanal"

Für diese Partnerübung setzen Sie sich einander bequem gegenüber. Lassen Sie Ihren Partner diese Übungsanweisung lesen oder lesen Sie sie ihm vor.

• Sitzen Sie entspannt, vielleicht zur Musik tibetanischer Klangschalen.
• Haben Sie die Augen leicht geöffnet, mit dem Blick auf Unendlich, so dass Sie Ihren Partner sehen, ohne ihn zu fixieren.
• Atmen Sie ein paar Mal tief und entspannt ein und aus.
• Nun atmen Sie tief ein. Stellen Sie sich vor, wie Sie mit dem Einatmen Energie aus der Erde durch Ihr Basis-Chakra, durch die ganze „innere Flöte" hochführen.

• Nun atmen Sie tief aus. Stellen Sie sich vor, wie die Energie beim Ausatmen durch Ihr Scheitel-Chakra, nach oben, Ihren Körper verlässt, um oberhalb Ihrer Selbst im Licht zu verschwinden.

• Atmen Sie tief ein. Mit diesem Einatmen stellen Sie sich vor, wie die Energie von oben, durch Ihr Scheitel-Chakra einströmt. Die Energie durchströmt Sie, strömt Ihre „innere Flöte" hinunter, der Erdenergie entgegen.

• Atmen Sie tief aus, und mit diesem Ausatmen strömt die Energie wieder hinauf durch „innere Flöte". Sie strömt bis zum Scheitel-Chakra hinauf und dort hinaus.

• Machen Sie so weiter: Atmen Sie tief ein und lassen Sie damit die Energie am Scheitel-Chakra in Ihre „innere Flöte" hineinströmen bis nach unten, der Erdenergie entgegen.

• Und atmen Sie tief aus, lassen Sie die Energie wieder hinaufsteigen durch die innere Flöte, um Ihren Körper am Scheitel-Chakra wieder zu verlassen.

• Atmen Sie so weiter, tief ein und tief aus. Lassen Sie die Energie Ihre „innere Flöte" durchströmen. Lassen Sie sich dabei spüren, wie Sie sich ausdehnen. Wie Ihre Aura dabei immer weiter wird, Ihre Körpergrenzen verlässt und auch Ihren Partner umgibt. Wie auch seine Aura sich ausdehnt und Sie umgibt.

• Stellen Sie sich nun vor, wie seine Aura und Ihre Aura sich verschränken, sich zu einem Rohr verflechten. Durch dieses Rohr fließt die Energie, fließt mit jedem Atemzug. Beim Einatmen strömt sie vom Himmel hinunter in die Erde, beim Ausatmen strömt sie hinauf, von der Erde in den Himmel.

• Genießen Sie gemeinsam diesen Fluss, diesen Flow durch den Kanal, den Ihre beiden Energiefelder bilden. Atmen Sie tief ein und aus, lassen Sie die Energie strömen.

• Wenn es an der Zeit ist, und das werden Sie merken, lassen Sie den Flow langsamer werden, kehren Sie energetisch in ihre eigenen

Körpergrenzen zurück, bedanken Sie sich für die gemeinsame Erfahrung bei Ihrem Partner mit einer Verbeugung.

• Tauschen sich nun über Ihre Erfahrungen aus.

• Wenn Ihre Beziehung dies erlaubt, legen Sie sich gemeinsam noch einen Moment so hin, dass Ihre Körper einander berühren, und ruhen sich aus.

Die Brücke zum Ganzen

Die dritte Dimension des Bezogenseins, die Brücke zum Ganzen, meint den Blick auf die Interaktion zwischen dem Chakren-System eines Individuums und jenem der Welt im Allgemeinen. Hier begegnet das Individuelle dem Kollektiven, das Persönliche dem Öffentlichen. Hier geht es beispielsweise um die soziale Identität eines Menschen, auf basaler Ebene beispielsweise um die ökonomische Existenzsicherung; unterschiedliche Aspekte wie der gesellschaftliche Status oder die empfundene Sinnhaftigkeit und die Optionen der Selbstverwirklichung spielen hier für viele mit hinein. Im Endeffekt geht es hier um das grundsätzliche Aufgehobensein, etwa im Sinne eines rundum erfüllten Lebens. Das Schicksal eines Menschen hängt dabei im hohen Maße davon ab, wie weit sein Blick nach innen, auf das Selbst, eine gefestigte Identität möglich macht, die Brücke zum Du ihn gut einbettet in ein Netzwerk tragfähiger Beziehungen und er somit mehr oder minder kraftvoll wagen kann, sich den Herausforderungen des Kollektiven zu stellen. In gewisser Weise kann diese dritte Art des Bezogenseins, die dritte Brücke verstanden werden als der Übergang aus geschützteren, geborgenen, unbewussteren Vorformen in das reale Leben mit all seinen Farben und Möglichkeiten – und auch all jenen Gefahren, die ein Dschungel so bietet.

In energetischer Hinsicht geht es hier, wie auch auf der Ebene des Du-Bezugs, um Resonanz. In diesem Fall darum, dass das energetische Selbst quasi in Resonanz tritt mit dem energetischen Kollektiv – sozusagen mit dem Chakren-System des Kollektivs. Das kann man ganz konkret auffassen als energetisches Geschehen, und man kann darüber hinaus die

Denkfigur der Chakren als Analogie nutzen, um Konstellationen und Dynamiken zwischen dem Einzelnen und dem Ganzen zu beschreiben und zu begreifen.

Brücken bauen, immer weiter …

Kurz rekapituliert: Im Bezogensein des Menschen auf sich selbst geht es um das Schicksal der Lebensenergie im Inneren; hier wird der Grundstein gelegt für jene innere Struktur, deren Reife und Stabilität darüber entscheidet, ob, wann und wie intensiv wir in der Lage sind, den Blick aus uns heraus auf ein Gegenüber zu richten. Auf jeder der mit den Chakren angesprochenen und symbolisierten Ebenen kann es schon bei dieser ersten Phase unseres In-der-Welt-Seins gut laufen oder eben nicht so gut: Es kann Punkte geben, an denen unsere Energien blockiert werden oder verloren gehen. Punkte, an denen wir beispielsweise Gefahr laufen, in Burnout zu geraten, weil der Brennstoff unserer Vitalität gegen null tendiert. Im Bild der Brücke gesprochen: Die Brücke zum Selbst kann schlecht passierbar oder gar unpassierbar sein.

Vergleichbares gilt für die zweite existenzielle Dimension des Bezogenseins – die Begegnung mit dem Du, die Brücke zum Du. Hier gilt: Dieses Bezogensein ist eine unserer fundamentalsten Energiequellen – ja, in gewisser Hinsicht, speziell in Momenten seelischer Krisen, womöglich die Energiequelle schlechthin. Doch in unseren Begegnungen mit dem Du kann es auch energetisch problematische Aspekte geben. Dann stagniert der Energiefluss, Energien stauen sich, gehen verloren. Dabei spielen oft bestimmte Beziehungskonstellationen und -dynamiken eine Rolle. Von einigen, energetisch sehr relevanten, haben wir erzählt; denn durch die Betrachtung dieser Beziehungsmuster – die Psychologie spricht hier auch gelegentlich nicht unzutreffend von Erwachsenenspielen[13] – kann man unermesslich viel darüber lernen, wo Lebensenergie gestiftet wird und gut fließt und wo sie stagnieren, sich stauen oder verloren gehen kann.

Insgesamt wird das energetische Geschehen, das es zu betrachten gilt,

---

13) Siehe z.B.: Eric Berne, „Spiele der Erwachsenen".

komplexer, wenn der Blick sich weitet vom Selbst-Bezug auf den Du-Bezug. Denn zumeist findet ein Zusammenspiel statt zwischen den einzelnen Chakren-Ebenen, welches über unsere energetische Gesundheit entscheidet. Dieses Zusammenspiel kann so aussehen, dass die eine Dimension des Bezogenseins zu Lasten der anderen geht. Beispielsweise führt die Bezogenheit auf ein Gegenüber – die Brücke zum Du – viele von uns in ein Lebensgefühl, das geprägt ist von Geborgenheit, Sicherheit und Erfüllung. Nicht selten jedoch wird dieses bereichernde Lebensgefühl dadurch erkauft, dass an anderer Stelle, um ein ökonomisches Bild zu gebrauchen, „Verluste eingefahren werden". Das kann dann der Fall sein, wenn etwa die Beschwichtigung unserer Existenzängste bedingt ist durch die – empfundene oder faktische – Abhängigkeit vom Anderen. Hier gründen viele Autonomie-/Abhängigkeitskonflikte, bewusste und insbesondere auch unbewusste. Auf der einen Seite zieht es einen vielleicht weiter, verlangt es einen danach, die Grenzen der kleinen Zweisamkeits- oder Familienwelt zu überschreiten; auf der anderen Seite sprechen dann womöglich Abhängigkeitsbeziehungen dagegen. In energetischer Hinsicht sind solche Verflechtungen, solange sie unbewusst bleiben, fatal.

Man kann versuchen, solche Verwicklungen zu vermeiden, indem man den Bezug zum Du möglichst unverbindlich hält; das versuchen nicht wenige von uns. Doch der Preis dafür ist hoch: Die Bezogenheit auf ein Du ist ein Quell der Lebensenergie, der umso mehr nährt, je tiefer man sich darauf einlassen kann. Glück braucht das bindende Bezogensein auf ein Gegenüber – die Liebe. Diese Erfahrung zu machen, ohne dass Verlust- und Verlassenheitsängste die Beziehung zum Du, die Zweisamkeit in eine Art Bunker verwandeln, ist das Entscheidende.

Denn hier, im Bunkerbau, liegt im Hinblick auf die dritte existenzielle Bezogenheit des Menschen – den Bezug auf das Ganze – eine weitere Gefahr: Zweisamkeit und Familie gehen, wenn Verlust- und Verlassenheitsängste Beteiligte sind – nicht selten einher mit der rigiden Abschottung nach außen. Oft wird alles, was nicht zur Zweisamkeit oder zum

„System Familie" gehört, geradezu dämonisiert. Dann ist um die Brücke zum Du quasi ein sicherheitsgebender Kokon gesponnen, in dem eine Beziehung scheinbar gefühlt wird, die jedoch ihr Sicherheitserleben daraus zieht, dass sie alles, was jenseits dieser einen Dyade, dieses einen Kleinsystems liegt, verteufelt und abgewertet. „Nur wir, wir dieses eine Paar, diese eine Familie, wir sind die Guten, und wir leben umgeben von Feinden und Gefahren." Solche Systeme sind zwar aufgrund der darin enthaltenen Angstbindung oft sehr stabil, sie führen jedoch zu einer im manchen Fällen totalen Isolation nach außen.

Es gibt keine nahen Freunde, keiner weiß von meinen Sorgen. Würde ich von meiner Frau erzählen, wäre es Verrat, und auch von ihr erwarte ich Stillschweigen nach außen; unser Leben geht niemanden etwas an. Gut, die Meiers sind nett, wir treffen uns einmal im Jahr für ein gemeinsames Essen, bei dem wir uns langweilen, und wenn die Gäste gegangen sind, tauschen wir uns darüber aus, wie völlig untauglich deren Ansichten sind und wie sehr sie von unseren abweichen. Was die Meiers besser können als wir, ist unverdient und/oder nebensächlich. Wo sie erfolgreicher sind, schaffen sie das mit unlauteren Mitteln. Wir triumphieren immer als die eigentlich Guten, Redlichen und Gerechten, die gleichzeitig auch Opfer der Umstände sind, und fallen zurück in jene unsere Isolation, die wir – halb sentimental und halb depressiv – „unser Zuhause" nennen.

Solange der eine Partner, oft der Mann, berufsbedingt häufig abwesend ist, d.h., solange er nicht durch seine reale Präsenz stört, herrscht scheinbar Frieden und Harmonie, und außerdem bringt Berufstätigkeit ja zumeist wenigstens etwas an Anregungen von außen mit sich. Wenn dann aber der Ruhestand kommt, entwickelt sich manchmal eine Art Hölle gegenseitiger Öde, die angesichts lebenslanger Kontaktvermeidung und entsprechend wenig Übung durch keinen Freundeskreis mehr kompensiert werden kann. Eine solche Familie ist wie ein Unternehmen, das, während es produziert, alle Bezüge zum Markt ignoriert und schließlich nur noch ins Leere läuft. Dies ist eine – leider weit verbreitete – düstere Spielweise der Stagnation auf der Ebene des Du. Energetisch betrachtet, sieht diese Stagnation so aus, dass die Energie nur noch zwischen den beiden Beteiligten und ihren Epiphänomenen – Kinder, Garten, Haus, Auto, Urlaub usw. – kreist, ohne als Nahrung für die Weiterentwicklung der Beteiligten zu dienen. Es wächst nichts weiter, über die Grenzen des dyadischen Systems hinaus, in die Welt. Doch genau dieses Wachsen in die Welt hinein ist existenziell wichtig für uns.

An der Entwicklung von Kindern lässt sich dieses „Ausdehnen" gut veranschaulichen: Zuerst sind diese wie eine Seele mit der Mutter verbunden, dann erkennen sie die Mutter, und es entsteht eine Zweierbeziehung. In der Regel taucht dann der Vater auf, und es entsteht eine schon konfliktreichere Dreierbeziehung. Das Kind bleibt in seiner Familie mit seinen Eltern und Geschwistern, und, wenn es dann stabil genug ist, wendet es sich nach außen, häufig in der Zeit des Kindergartens, in sein Leben hinein. Analoge Entwicklungen finden im Laufe unserer Biografie immer wieder statt. Sie sind der Lohn für konstruktives Wachstum in der Phase davor, und gleichzeitig sind sie verbunden mit der Überwindung von Ängsten. Gute Paarbeziehungen wie auch gute Freundschaften und gute Arbeitsbeziehungen kann man genau daran erkennen: dass aus der Beziehung heraus, gut genährt durch die Beziehung, die Beteiligten den Wunsch haben, zu wachsen – die gemeinsame Welt und damit auch die eigene Welt zu vergrößern. Im Bild der Brücke gesprochen: Die gute Brücke zum Selbst und die gute Brücke zum Du erweitern sich quasi organisch zur Brücke in die Welt.

In der psychotherapeutischen Arbeit trifft man jedoch viele Menschen, die diese Brücke nicht gehen können. Und gerade im Kontext von Burnout-Erkrankungen sieht das dann konkret nicht etwa so aus, dass diese Menschen auf der Brücke ausbrennen – wie vielleicht zu erwarten wäre. Nein, viele brennen vor der Brücke aus. Wir haben zahllose Menschen getroffen, deren energetisches Verlöschen damit zusammenhing, dass sie gar nicht erst aufbrachen in die Welt.

In vielen Beziehungen sieht das konkret so aus, dass einer der beiden Partner, meist der Schwächere, zum „Hüter der Schwelle" wird. Seine Motivation ist meist die Hoffnung, auf diese Art zu vermeiden, dass der Partner ihn, würde er sich weiterentwickeln, wenn er denn gewachsen wäre, um eines anderen Partners willen verlässt. Energetisch bedeutet das: In solchen Systemen verwandelt sich die zukunftsorientierte Energie in eine rückwärtsorientierte, bewahrende. „Es ist doch gerade so schön, lass uns dafür sorgen, dass es so bleibt ..." „Warum willst du denn Karriere machen? Ich kenne dich, die Anforderungen, die mit einer Führungsposition verbunden sind, würdest du nie aushalten. Bleib im zweiten Glied!" „Nein, ich will nicht mit dir tanzen. Aber mir ist auch nicht recht, wenn du mit anderen tanzt ..." Der eine Partner blockiert den anderen, bremst ihn aus – und zwar vielleicht in durchaus liebevoll gemeinter Absicht: im Dienste des Systemerhalts. Der andere, mutigere Partner lässt sich ausbremsen. Er bleibt, doch er spürt auch Trauer um sein nicht gelebtes Leben, und oft wird er wütend. Er bleibt, und er versucht möglicherweise immer wieder einmal, die Grenzen des Systems nach außen zu verschieben. Doch je länger er bleibt, desto hoffnungsloser werden seine Versuche. Desto mehr weichen Wachstumswünsche der Resignation. Der am Aufbruch Gehinderte verliert seine Energie; vielleicht fängt er an, zu viel zu trinken oder zu essen, hängt vorm Fernseher herum oder vorm Computer, und irgendwann ist die seelische Krise, der Burnout, erreicht.

Dieses Phänomen der paarbezogenen Systemabschottung ist offenbar uralt. Der Mythos von Parzival beispielsweise erzählt von recht gewieften Blockade-Tricks; in diesem Fall ist die Mutter die „Hüterin der Schwelle". Mit listenreichen Finten versucht sie, ihren Sohn vom Leben fernzuhalten.

Herzeleide, Parzivals Mutter, lebt mit ihrem Sohn in einer Waldeinöde, wo sie ihn in quasi-paradiesischer Unschuld und Unwissenheit großzieht. Ganz bewusst enthält sie ihrem Sohn jede Art von Kenntnis über die Welt und das Leben jenseits des Waldes vor; insbesondere bereitet sie ihn auf keine der ethischen, sozialen und beruflichen – ritterlichen und herrschaftlichen – Anforderungen vor, denen er sich in der Welt gegenübersehen würde. Sie will ihn unbedingt von den Gefahren bzw. Verlockungen des Rittertums fernhalten. Doch der Versuch misslingt: Als Parzival erstmals zufällig Rittern begegnet, kann seine Mutter nicht verhindern, dass er aufbricht in die Welt, um selbst Ritter zu werden. Ihre einzige Hoffnung ist, dass ihr Sohn zu ihr zurückkehrt, wenn er nur ausreichend schlechte Erfahrungen in der Welt macht. Deshalb stattet sie ihn kleidungsmäßig und ausrüstungsmäßig so aus, dass er ausgesprochen lächerlich wirkt. Und auch die Verhaltensregeln, die sie ihm abschließend mit auf den Weg gibt, gehen in diese Richtung. Deren wörtliche Befolgung lassen Parzival, im Zusammenspiel mit der Narrenkleidung und den Folgen der defizitären Erziehung – Unkenntnis und naives Auftreten – wie einen Deppen erscheinen. Daraus ergeben sich nach Parzivals Aufbruch in die Welt etliche Unglücke – zunächst, ohne dass Parzival sich der zugrundeliegenden Zusammenhänge auch nur im Geringsten bewusst ist.

Der unproblematischste Weg in die Welt ist der, der durch unterstützende Partner, Freunde und Kollegen begleitet wird – wenn also der eine sich der Weiterentwicklung des anderen verpflichtet sieht. Hier findet sich das soziale Klischee, dass hinter jedem erfolgreichen Mann eine starke Frau steht, realiter vorgeführt – und auch umgekehrt:

Er ist Orthopäde in einer kleinen Praxis. Sie ist im mittleren Management und spürt schon lange ein großes Entwicklungspotenzial in sich, nach dessen Verwirklichung sie sich sehnt. Um innerhalb ihres Konzerns eine solche Position einnehmen zu können, bedarf es für sie eines Aufbau-studiums, das drei Jahre dauert. Völlig klar, dass in diesen drei Jahren neben beruflicher Ausbildung wenig Zeit für die Familie sein wird, d.h., dass diese Qualifizierung auf Kosten der Zeit und Energie gehen wird, die sie für Ehe und Familie hat. Und gleichzeitig ist klar: Diese intensive Ausbildung wird sie auch verändern, wird auch Persönlichkeitsentwick-lung sein. Sie wendet sich sehr offen, bereit, notfalls zu verzichten, an ihren Partner mit der Frage und Bitte, ob er akzeptiert, dass sie diesen Weg geht. Er zögert zuerst, fühlt in sich hinein – und kann dann aus vollem Herzen sagen: „Ja, ich trage diesen Weg mit."

Und so ist es dann auch. Er steht hinter ihr: eindeutig und liebevoll und mit unglaublich wenig krisenhaften Einbrüchen fühlt er sich der Entwicklung seiner Frau verbunden. Und ganz deutlich wird, dass sie, und zwar umso mehr, je mehr sie sich weiterentwickelt, dieses sein groß-artiges Geschenk bemerkt und würdigt. Sie empfindet ein tiefes Glück über diese Unterstützung und tiefe Dankbarkeit gegenüber ihrem Mann. Sie beendet ihr Aufbaustudium mit sehr guten Noten und schafft den Aufstieg, nach dem sie sich gesehnt hat. Das Paar wird reich belohnt für diese Solidarität, die auch dazu führt, dass sie sich nunmehr seiner menschlichen Weiterentwicklung genauso verbunden fühlt wie er sich einst der ihren.

Nicht immer muss eine unterstützende Beziehung auf der Du-Ebene zu einer Entwicklung führen, bei der beide Partner im Dank verbunden beieinander bleiben. Manche Du-Bindungen haben durchaus eine Eltern-Kind-Dynamik der Gestalt, dass der gebende Part am Ende dazu gefordert ist seinen Partner in dessen nächste Welt zu entlassen. Wie Hellinger[14] sagt, charakterisiert eine intakte Eltern-Kind-Beziehung, dass der Prozess des Gebens von oben nach unten erfolgt. In einer gesunden Eltern-Kind-Beziehung besteht der Dank des Kindes darin, das elterliche Geschenk zu

---

14) Bert Hellinger: Ordnungen der Liebe

nehmen, es zu nutzen um zu wachsen, um derart gestärkt in sein Leben aufzubrechen. Versuche, das Kind über Dankesschuld zu binden, bedeuten ihm das geschenkte Leben wieder streitig zu machen. Die Liebe, die man dem Kinde gab, würde verkommen zu einem Betrug.

Die dritte Brücke kann man sich vorstellen als Sprung in die Existenz – konnotiert beispielsweise mit Aspekten wie Beruf, Arbeitswelt, Sinnfindung. Kurz gesagt: Es geht um das Finden, Behaupten – und nicht zuletzt Lieben – des eigenen Platzes in der Welt.

„Existenzsicherung ..." – Basis-Chakra

Läuft es gut, spüren wir, wenn wir – auf der Grundlage eines guten, tragfähigen Bezugs zum Selbst und eingebettet in konstruktive Beziehungen, lebendige und offene Bezüge zum Du – den Schritt über das Du hinaus wagen, ein Gefühl des Ankommens und des Eingebettet und Aufgehobenseins. Der Boden scheint fest und stabil. Was wir tun, ist getragen und unterstützt. Das berühmte Urvertrauen bezieht sich hier nicht länger nur auf die konkrete Mutter, sondern auf Mutter Erde, also auf das Dasein im Allgemeinen. Wie es ein Theologe einmal sagte: „Auch wenn es holprig wird im Leben, weiß ich doch, dass Gott nicht will, dass wir scheitern, und tiefer als in seine Hand kann ich nicht fallen."

Doch viele von uns erleben diesen Schritt ganz anders. Sie stehen voller Zweifel auf ihrer Erde und sind nicht sicher, ob sie das neue Land, das sie durchaus sehen, wirklich betreten dürfen; sie zweifeln daran, ob sie mit allem ausgestattet sind, was man braucht, um hier zu überleben.

Und nicht jeder betritt freiwillig die besagte Brücke. Manchmal bleibt gar nichts anderes übrig, als den Schritt in eine neue, größere Welt zu wagen. Manche werden von ehrgeizigen Partnern dahin gedrängt, sich zum Beispiel beruflich weiterzuentwickeln. Viele sehnen sich auch in eine neue Form des Daseins oder in eine neue Form der Verantwortung; dann stellen sie entsetzt fest, dass ihre Wünsche erhört wurden und sie plötzlich eine Führungskraft sind, damit nun auch die Rolle ausfüllen müssen, die sie quasi „beim Universum bestellt" haben. So steht so mancher unsicher, mit zittrigen Knien auf neuem, unbekanntem Boden, dem zu vertrauen ihm in vielfacher Hinsicht zumindest ungewohnt ist.

Die Frage lautet, auf Ebene des Basis-Chakras: Wie gut trägt mich der neue Boden? Und entschieden wird diese Frage oft schon im Vorfeld. Menschen scheitern auf dieser Ebene meistens nicht an ihrer Aufgabe, sondern davor. Sie gleichen dem Seiltänzer, der schon auf der Kanzel Zweifel hat, ob er sein Gleichgewicht halten kann, der dann beim ersten Schritt auf dem Seil abstürzt.

Die Frage, wie gut der Boden wohl ist, auf dem ich stehe, ist ungeheuer wichtig, und jeder ist gut beraten, ihn kritisch und auch demütig zu überprüfen. Eine stabile Basis im Selbst-Bezug gehört ebenso dazu wie ein Aufgehoben-Sein in tragfähigen, vitalen Du-Bezügen bzw. Netzwerken. Jemand, der in einer guten Beziehung lebt, in der er sich angenommen und unterstützt fühlt, hat darin eine Ausgangsbasis, die er gleichsam über die dritte Brücke hinweg mitnehmen kann und die ihm dort Risiken einzugehen erlaubt, die ihn, auf sich allein gestellt, überfordert hätten. Die Frage ist: Reicht der Bezug zum Selbst und zum Du? Ist er so gut, dass er auch trägt, wenn beruflich das Wetter rauer wird? Bin ich genügend geborgen in meinem persönlichen Bezug zu mir und in meinen persönlichen Beziehungen? Überstehen sie beispielsweise eine Blamage im Job?

Manchen Menschen passiert es, dass der Boden sie lange gut trägt – doch dann, eines Tages, wird er auf einmal brüchig.

Klara war dreißig Jahre lang eine ausgezeichnete Vorstandssekretärin, voller Loyalität und dabei fröhlich und engagiert. Die Firma war ihre Familie, ihr Sinn, ihr Grund und Boden. Die Basis, auf der alles andere möglich wurde. Sie war eine dieser Frauen, die mit ihrer Firma verheiratet sind. Ihre engste „Bezugsperson" war ihr Pferd, direkt gefolgt von ihrem Chef – mit dem sie eine große Liebe teilte, ohne dass diese jemals sexualisiert gewesen wäre. Ja, Klara war eine dieser Frauen, die

*weder ihre Herkunftsfamilie noch ihre „Wahlfamilie" namens „Firma"
je verlassen würden, um beispielsweise eine erwachsene sexuelle Identität
zu entwickeln – und sie war dabei ein hochzufriedener Mensch.*

*Aber alle Arrangements enden irgendwann, und so verließ sie ihr Chef
eines Tages, indem er in den Ruhestand ging. Sein Nachfolger war eine
Frau in Klaras Alter. Eine Frau, die das gewaltige Aggressionspotential in
sich zur Verfügung hatte, welches Klara, das angepasste Mädchen, zeitlebens unterdrückt hatte. Bis jetzt. Denn jetzt, wo ihre Aggression nicht
mehr gebunden war in der Umarmung durch den mächtigen Mann,
drängte die Wut in ihr Bewusstsein und ging in Resonanz mit der Aggressivität ihrer neuen Chefin. Das hieß, die Dinge änderten sich grundlegend
für Klara: Wo vorher in der Unterwerfung unter den Chef ein sicherer
Boden aus Frieden und Geborgenheit bestanden hatte, wurde sie nun
überschwemmt von Hass, Rivalität, Verachtung für ihre neue Chefin.
Erschreckt beobachtet sie sich dabei, wie es ihr oft für Sekunden misslang,
diese Gefühle in der Begegnung mit ihr zu unterdrücken. Klara konnte
buchstäblich beobachten, wie ihre Chefin sich provoziert fühlte und ihr
Schwert gegen sie richtete, zunächst warnend und korrigierend, schließlich
genervt, mit dem Willen zur Vernichtung.*

*Klara war nicht nur aufgrund ihrer unterlegenen Position, sondern ein-
fach auch menschlich der Verve, der Wut ihrer Chefin nicht gewachsen,
zumal sich diese stets und ausnahmslos souverän – in angemessener Laut-
stärke, strategisch gut und gnadenlos – präsentierte, ohne Angriffsfläche
zu bieten. Klaras Existenzbasis – ihr sicherer „Boden unter den Füßen" –
brach ein. Existenzängste überschwemmten sie, tiefe Zweifel an ihrer
Kompetenz überwältigten sie. Aus Nervosität begann sie, Fehler zu
machen, die sie zu vertuschen versuchte. Sie wurde erwischt und gede-
mütigt. Noch mehr verunsichert, war sie schließlich arbeitsunfähig. Sie
hat von der Klinik aus gekündigt.*

Nicht immer ist zu verhindern, dass der Boden, der einen bislang gut trug, brüchig wird. Natürlich kann man im Nachhinein sagen: Klara definierte ihren Lebensgrund in Anlehnung an einen mächtigen Mann. Sie versäumte in guten Jahren, ein wahrhaftig eigenes Standing zu entwickeln. Ihre unreife, ödipal geprägte Sexualität verhinderte, dass sie zu einer Frau heranreifte, die veritabler weiblicher Aggression standhalten kann. Das alles ist richtig, aber wenn man Klara kennt, weiß man auch, dass das alles völlig irrelevant ist. Sie hat im Rahmen ihrer Möglichkeiten wirklich ihr Bestes getan. Es gibt vieles, was sie geschafft hat, wofür man sie nur bewundern und achten kann, aber dieser initiatische Weg war für sie nicht begehbar, und so gehört ihr Zusammenbruch zu den unabwendbaren Ereignissen ihrer ganz persönlichen Biografie. Klaras Chance in der Krise bestand nicht im Nachkarten, sondern darin, zum Teil mit viel Mühe und Angst, aber letztendlich erfolgreich den Boden, auf dem sie steht, neu zu definieren und, in ihren Möglichkeiten gereift, ihn nunmehr nach zwei schweren Jahren wieder zu betreten.

Es ist ebenso berührend wie lehrreich, zu sehen, an wie wenig konkreten Pfeilern oft das ganze seelische Überleben eines Menschen hängt. „Basis" heißt, sich getragen fühlen in der Existenz, was konkret an ganz Unterschiedliches geknüpft sein kann. Jeder von uns kennt Menschen, deren existenzieller Anker der Beruf war und die bald nach der Pensionierung buchstäblich verloschen und starben. Oder jene Menschen, von denen man liest in den Todesanzeigen, dass sie kurz nach dem Tod ihres Partners verschieden sind. Und zu erwähnen sind auch die spirituellen Basisressourcen wie z.B. der Glaube an eine höhere, schützende Macht; nicht wenige Menschen sind nur deshalb in der Lage, die Bedrohungen des Lebens auszuhalten, weil sie sich „geborgen in Gottes Hand" sehen. Wenn dieses Erleben als Basis der existenziellen Verwurzelung aus irgendeinem Grund verloren geht, gibt es oft kein Halten mehr.

In einem tieferen Sinne bedeutet die Bezogenheit zum umfassenden Ganzen auf der Ebene des Basis-Chakras noch wesentlich mehr. In gewisser Weise wiederholt sich hier, was einem Narzissten widerfährt, wenn er erstaunt, gerührt und gleichzeitig verängstigt feststellt, dass die Menschen, mit denen er lebt, tatsächlich existieren. Bis zu diesem Punkt konnte er sie nur als Kräfte oder Phänomene zur Befriedigung seiner Bedürfnisse, zur Sicherung seines Überlebens verstehen. Dann kommt der für viele unvergessene Augenblick, in dem das Gegenüber als eigenständige Person erstmals erkennbar wird und daher erstmals auch eine Beziehung, die real ist, vorstellbar wird. Diese Geburt des Gewahrseins des anderen, die an der Schwelle von der ersten zur zweiten Brücke stattfindet, wiederholt sich kurz nach der Schwelle von der zweiten zur dritten. Der Mensch wird auf einem existenziellen Niveau dessen gewahr, was er wahrscheinlich schon lange intellektuell wusste, aber noch nicht spürte: Die Welt ist real. Das tiefe Staunen darüber gleicht jenem, das manche erfasst, wenn sie zum ersten Mal begreifen, wer ihr Partner ist.

Hier liegt die eigentliche Chance des umfänglichen Bezogenseins: Unser existenzielles Verankert-Sein, unser Verwurzelt-Sein weitet sich aus; unsere Wurzeln verflechten sich mit anderen Wurzeln. Das kann resultieren in das – möglicherweise kollektive – Begreifen, dass es Mutter Erde wirklich gibt, dass Pflanzen und Tiere und wir Menschen in einem tiefen Sinne eins sind.

Übung · Basis-Chakra: „Den eigenen Platz der Kraft finden"

Am schönsten ist es, diese Übung in der Natur zu machen. Vielleicht auf einer Bergkuppe oder auf einer Lichtung im Wald oder am Strand. Doch im Grunde können Sie diese Übung an jedem Ort machen. Es geht darum, sich dafür zu öffnen, den jeweils besten Platz für die eigene Erdung zu finden: den Ort, der Ihrem Basis-Chakra möglichst viel Eigenflow ermöglicht, möglichst viel Austausch mit dem Basis-Chakra der Natur, der Welt, wie auch immer.

Je mehr Zeit und Mühe Sie in diese Übung investieren, desto besser: Zeit und Mühe zum einen für die Suche nach diesem Kraftort – denn es ist nicht immer ganz einfach, ihn zu finden. Und Zeit und Mühe investieren Sie auch darin, Ihre Sensibilität zu schärfen: empfindsam zu werden für Ihren Kraftort.

Ihre Kleidung sollte leicht und nicht einengend sein und unempfindlich; sie soll ruhig schmutzig werden dürfen.

• Stehen Sie locker da.

• Beginnen sie damit, dass sie die Augen halb öffnen und den Blick auf „unendlich" stellen, also nichts fixieren.

• Atmen Sie drei Mal tief ein und aus; lassen Sie beim Ausatmen die Energie durch Bauch, Becken und Beine über die Fußsohlen tief in den Boden unter Ihren Füßen strömen.

• Nun ziehen Sie los. Machen Sie kleine Schritte. Lassen Sie sich ein Gefühl dafür entwickeln, wie ein Ort für Sie ist: Wie fühlt es sich an? Wo stehen Sie sicherer und wo weniger sicher? Wo ist es kühler, wo wärmer? Wo ist es unbehaglicher, und wo ist es behaglicher?

• Gehen Sie ruhig runter auf alle Viere. Kriechen Sie vielleicht ein bisschen, wie es kleine Kinder tun. Oder legen Sie sich mal auf den Boden, wälzen Sie sich vielleicht ein wenig hin und her – immer mit dem Ziel, so achtsam und sorgfältig wie möglich herauszufinden, wie stimmig dieser Platz gerade mit Ihnen selbst, insbesondere Ihrer Basis ist.

• Irgendwann, das kann mal fünf Minuten, manchmal auch zwei Stunden dauern, werden Sie ein deutliches Wissen fühlen, dass sie nunmehr den – gemessen an Ihrem aktuellen Bewusstsein – optimalen Platz für sich gefunden haben.

• Lassen Sie sich jetzt an diesem Platz nieder und spüren Sie die Resonanz Ihres Basis-Chakras mit dem dieses Platzes. Öffnen Sie sich für Visionen, vielleicht hat dieser Platz ein Geschenk für Sie, zum Beispiel in Form einer Erkenntnis.

• In abgewandelter Form kann diese Übung im Alltag sehr nützlich sein, als eine Ermutigung, bei Meetings, Partys, was auch immer für Begegnungen, Sorgfalt darauf zu verwenden, den Platz zu suchen und zu wählen, an dem Sie die kraftvollste Erdung fühlen und der Ihnen folglich das sicherste Standing in der Begegnung mit den anderen schenkt.[15)]

„Hungrig aufs Leben ..." – Sexual-Chakra

Wenn ich, verankert im Selbst und verbunden im Du, nun auf der „dritten Brücke" der Energie des Sexual-Chakras begegne, dann wird hier die lustvolle Besetzung der ganzen Welt, des Daseins im Allgemeinen und in der Buntheit seiner Details, unwiderlegbar spürbar. Symbolisch gesehen, erlebe ich das farbenprächtige, ekstatische Fest, mit dem Mutter Erde und die Menschheit ihre Existenz feiern. An diesem Fest teilzuhaben, darauf zielen meine Energien im Sexual-Chakra; in diesem Sinne erfährt meine Seele eine Ausrichtung.

Da ich gut geerdet bin, weiß ich um meine Möglichkeiten und Grenzen, und mein Potential liegt vor mir – einladend wie eine offene Landschaft. Ich muss nur noch einen Schritt tun, dann wiege ich mich mit den anderen im Tanz ... tue, wozu ich Lust habe, was mich mit Freude erfüllt und innerhalb des Leistbaren liegt ... Aber so einfach ist es eben dann oft nicht.

Wesentlich für das Glücken dieses Schritts sind drei Aspekte: Erstens ist es wichtig, dass ich auf sicherem Boden stehe – sicher im Basis-Chakra verankert bin. Zweitens ist es entscheidend, dass das Kollektiv gleichermaßen gut geerdet ist. Und drittens ist ganz entscheidend, dass ich kleine Schritte mache.

Die Gefahr liegt beim Sexual-Chakra nicht im Burnout; man kann sagen, dass jemand, der mit der allgemeinen Energie des Basis-Chakras ebenso wie mit der kollektiven Energie des Sexual-Chakras verbunden ist, praktisch nie ausbrennt. Doch ohne Erdung, ohne Anknüpfung an das Basis-Chakra, das gleichzeitig in tiefstmöglichem Sinn den Realitätsbezug birgt, besteht auf der Sexual-Chakra-Ebene die Gefahr, sich im Rauschhaften zu verlieren und in bedrohliche Nähe zum Wahnsinn zu geraten.

---

15) Die Anregung für diese Übung stammt aus den Büchern von Carlos Castaneda

Gut laufen die Dinge, wenn die wuchtige Urkraft, die enorme Triebenergie des Sexual-Chakras, Hand in Hand geht mit solidem Realitätsbezug.

Die dritte Brücke führt uns auf jene Bühne, die es uns erlaubt, für die Welt sichtbar zu werden, und eine der wesentlichen Kräfte, die uns hierzu ermutigen, ergibt sich aus der Resonanz zwischen unserem Sexual-Chakra mit jenem des Kollektivs. Hier findet, in Kooperation mit dem dritten Chakra, unsere Geburt als öffentlich sichtbares Wesen statt. Wie sehr dies mit dem Sexual-Chakra verbunden ist, zeigt sich zum Beispiel bei öffentlichen Initiationsritualen – z. B. Debütantinnenbälle, die der Veröffentlichung der heiratsfähigen jungen Frauen dienen, ebenso wie Sportmeisterschaften, wo mit den jungen Männern das Gleiche geschieht. Getragen vom kollektiven Sexual-Chakra, giert die Öffentlichkeit geradezu nach diesen Auftritten ebenso sehr, wie sie im konkreten Individuum als Bedürfnis angelegt sind. Hier zeigt sich der lebensbejahend-aggressive Teil der menschlichen Natur, der uns allen gemeinsam ist: die Gier nach Leben.

Natürlich kann ich Menschen dazu erziehen, sich wegen ihrer Gier zu schämen und sie zu verdrängen. Das hat aber meist nur das Ergebnis, dass ebendiese Gier in Form von Neid und Hass auf andere – nämlich jene, die ihre Gier befriedigen – im Bewusstsein erscheint. Letztendlich bedeutet dies: An der Stelle, wo man der Natürlichkeit unserer Seele die Unschuld nimmt, entsteht jene dunkle Seite der Schuld, die viele von uns ein Leben lang an einer freudvollen Existenz hindert.

Sankt-Martins-Singen im Gemeindehaus. Mir fällt ein kleiner Junge auf, der mir bisher sehr verschlossen und schüchtern erschien und auch nicht so den Anschluss hier in der Siedlung zu anderen Kindern hatte. Heute Abend führt er eine Gruppe viel älterer Kinder an, und zu den Liedern spielt er sein Saxophon. Man hört es laut heraus, und er spielt es so verbunden und gefühlvoll, dass ich weinen muss. In der Sprache der Chakren: Er spielt so intensiv aus dem 2. Chakra heraus, dass es einfach nur schön ist. Und genau diese Kraft kann er dann offenbar mitnehmen ins 3. Chakra, den Solarplexus. Er zeigt eine wundervolle Gier nach Anerkennung, nach Gesehen-Werden, und er darf sich als Erster die Süßigkeiten aussuchen, und er strahlt dabei. Er stopft sich ein Bonbon in den Mund und er fühlt sich ersichtlich mit den anderen verbunden.

Doch dieser Moment währt kurz. Es kommt eine ältere Frau auf ihn zu, ich weiß nicht, wer das ist, aber ich sehe, dass sie ihn tadelt – sie schüttelt den Kopf und macht ein böses Gesicht –, und ihm die Schokolade wegnimmt, die er freudestrahlend unter den Arm geklemmt hat; sie nimmt sie ihm weg und legt sie wieder zu den anderen Süßigkeiten. Ich schaue von ihrem mäkeligen Gesicht in seines, und dort sehe ich nun unterdrückte Tränen und Beschämung.

Am Anfang problematischer Entwicklungen steht oft die Unterdrückung von Energiepotentialen. Beispielsweise können Gefühle wie Zorn, Ärger, Gier, Schuld oder Neid, wenn sie nicht geerdet sind, auf kollektivem Niveau die Dimension von „Monstern" annehmen; im Dienste der Bändigung dieser „Monster" wird in den meisten Kulturen die Energie des Sexual-Chakras unterdrückt. Häufig führt die damit einhergehende Begrenzung zu einem kollektiven Stau von Triebenergie; dieser Stau kann entweder, im positiven Fall, rituell abgebaut werden, oder aber er wird, im negativen Fall, in Form eines Opfermythos unbewusst in das Selbstbild eingebaut. Die entsprechende Triebenergie manifestiert sich dann oft in Exzessen und Ausbrüchen blinder Gier und Aggression, wie wir sie in der Geschichte meist im Vorfeld von Umstürzen beobachten können.

Gefährlich ist auch eine Art Goldgräberstimmung: Wenn die Phantasie ungeheurer Erfolge aus den ersten gelungenen Schritten gleich einen 1000-Meter-Sprint machen will. Statt die Welt zu erobern, bricht man dann irgendwann zusammen – ein Zusammenbruch, der resultiert aus dem Mangel an konstruktiver Realitätsprüfung und fehlender Demut, die darin bestanden hätte, kleine Schritte, einen nach dem anderen, zu tun.

Diese kleinen Schritte bewahren einen beispielsweise davor, aus Anfangserfolgen überstürzt in Höhenflüge überzugehen. Ikarus ist ein gutes Beispiel dafür, dass nachhaltiger Erfolg das Glücksmoment des Sexual-Chakras zwar braucht, um den Mut zu haben aufzubrechen, dass jeder Mut aber nur so nützlich ist, wie die Realitätsprüfung, die im Basis-Chakra verankert ist – dessen große Bedeutung darin besteht, Bodenkontakt zu halten, ohne das Abheben zu verhindern.

Dädalos und sein Sohn Ikarus wurden gefangen gehalten; eine Flucht über Land und See war ausgeschlossen, also beschlossen sie die Flucht durch die Luft. Dädalos konstruierte Flügel für sich und seinen Sohn. Er befestigte Federn mit Wachs an einem Gestänge – das wurden die Flügel, die sie in die Freiheit tragen würden. Bevor sie abhoben, schärfte Dädalos seinem Sohn ein, auf gar keinen Fall zu hoch zu fliegen, da die Hitze der Sonne das Wachs schmelzen lassen würde. Dann hoben sie ab und flogen weit über das Meer. Zuerst ging alles prächtig. Doch dann irgendwann wurde Ikarus übermütig und stieg höher hinauf. Höher und höher, bis er schließlich zu nah an die Sonne kam, so dass diese das Wachs seiner Flügel schmolz, die Federn sich lösten und er in den Tod stürzte.

Wenn es suboptimal läuft, ist es so, dass Menschen ihr tatsächliches Potenzial und ihre narzisstischen Größenphantasien verschränken, d.h. ihre vorhandenen Begabungen und Stärken in ihr überzogenes Selbstbild einbauen. Und dann wählen sie auch noch ihre Freunde so, dass diese dieses Bild unterstützen ... und dann fliegen sie höher und höher ... und dann fordert die Realität gnadenlos ihren Tribut. In gewisser Hinsicht kann man hier sagen: Die Erfüllung der Wünsche gebärt das Scheitern. „Er wollte mit den großen Jungs spielen, und, grausam wie sie sind, haben sie es ihm erlaubt ..."

Eine andere Problemrichtung ist, was in der Psychotherapie intentionale Hemmung genannt wird. Dann brechen Menschen, weil sie entmutigt und daher zaghaft sind, gar nicht erst auf. Sie sind das genaue Gegenteil des Ikarus; sie heben gar nicht erst ab, sondern bleiben am Boden. Sie haben durchaus Sehnsüchte und Phantasien, aufgrund deren sie sich in den Bereich der „dritten Brücke" begeben. Doch wenn die Gehemmtheit größer ist als die Neugier, kann es sein, dass sie ihr ganzes Leben am Aufgang zur Brücke verbringen, ohne sie je zu betreten. Bemäntelt wird diese Hemmung dann vor sich selbst oft mit Ausflüchten: „Ich stehe eh nicht gern im Mittelpunkt." „Aufmerksamkeit von anderen mag ich gar nicht." „Ich bin eben von Natur aus bescheiden. Gier und Geltungsbedürfnis sind nun mal nicht mein Ding." Das sind die Ausreden, mit denen wir Menschen uns selbst weismachen, die dritte Brücke der lustvollen Zugewandtheit zum Leben – das Mit-Tanzen – sei nichts für uns. In psychotherapeutischen und besonders in gruppentherapeutischen Settings bekommt man sie sehr oft zu hören – und ausnahmslos erlebt man dann, wie sie widerlegt werden, sobald die Sehnsucht, über die Brücke zu gehen, größer ist als die Angst davor.

Oft zieht sich diese Form von Gehemmtheit wie eine Schraubzwinge durch das gesamte Leben eines Menschen. Bis auf eine Vita minima ist ihm alles zu riskant, zu gefährlich, oder es werden ethische Gründe angeführt. Er wagt es ein Leben lang nicht, die Tanzfläche zu betreten, schielt aber ebenso heimlich wie sehnsüchtig auf den kollektiven Tanz des Sexual-Chakras und resigniert mit dem Satz: „Das alles gibt es, aber nicht für mich ..." Das bedeutet: ein Leben leben weit entfernt von der wirklichen Fülle des Potentials, weit entfernt von den eigenen Sehnsüchten und Stärken. Kommt es dann später im Leben vielleicht noch zur – oft psychotherapeutisch begleiteten – Wende, zur Erkenntnis „Das alles gibt es auch für mich!", überschwemmt den Menschen dann nicht selten tiefe Trauer um nicht wahrgenommene Chancen.

Denn Menschen gelüstet es danach, mitzuspielen, mitzutanzen – und gesehen zu werden. Vielleicht will nicht jeder im Mittelpunkt stehen; doch sein Licht unter den Scheffel stellen will auch niemand. Das Bedürfnis, in der eigenen Selbstdarstellung wahrgenommen zu werden – nicht nur bei Schauspielern sicherlich der psychodynamische Hintergrund für die Berufswahl –, steht wohl im Zusammenhang damit, dass schon auf der ersten Brücke Identität dadurch spürbar wird, dass sie von liebenden, wichtigen Personen, meist der Mutter, gespiegelt wird. Später geschieht dann diese Spiegelung auf der ersten Brücke beim Blick in den Spiegel, auf der zweiten Brücke beim Blick in die Augen des Anderen und auf der dritten Brücke beim Blick in die Öffentlichkeit. Ein ganzes Leben lang wird unser Lebensgefühl im Wesentlichen davon bestimmt, ob uns genug und bestätigende und damit nährende Aufmerksamkeit zuteilwird.

Versuchungen und Möglichkeiten, dem Risiko eines „Sprungs in die Existenz" quasi durch einen Trick zu entgehen, gibt es heute viele – und es werden immer mehr. Menschen können dann die ekstatischen Verheißungen eines gelebten Lebens auf eine unverbindliche Ebene verschieben; in gewisser Weise können sie so eine Art Simulation, eine Art Probelauf machen. Tragisch ist, wenn es nicht beim Probelauf bleibt; wenn die Simulation das wirkliche Leben ersetzt. Das ist besonders der Fall bei Zeitgeistphänomenen wie Internetsucht oder Rollenspielsucht. Wenn es gelingt, in der virtuellen Realität – beispielsweise in Phantasiespielen wie World of Warcraft – eine hoch erfolgreiche soziale Identität auf der Spielebene zu erreichen, ist das oft so verführerisch, dass die komplette Lebenskraft in diese Welt investiert wird und sie somit für die reale Welt fehlt. Viele verlieren sich völlig in ihrer Phantasie-Identität, was besonders bei jungen Menschen nicht selten auch mit tiefen Gefühlen der Verlassenheit im Leben zu tun hat.

Was es braucht an diesem Punkt, ist die positive Vision davon, was in dieser realen Welt möglich ist. Zu den wirklich großen Hilfen, die es gibt, damit gerade ein junger Mensch den Mut findet, über die „dritte Brücke" zu gehen, gehören Menschen, die an ihn glauben und mit ihm eine positive Vision darüber entwickeln, was ihn erwartet, wenn er sich traut. Speziell die Adoleszenz ist die Zeit der initiatischen Reisen, des Aufbruchs in die Welt, und hier bedarf es, gerade in Anbetracht der zunehmenden digitalen Versuchungen und Verführungen, guter „Reisebegleiter und Reiseführer"

Kurz gesagt: Im Sexual-Chakra toben und tanzen die liebenden und aggressiven und kreativen Energien des Daseins. Die Lust am Leben, die Gier nach Leben locken uns glücklicherweise auf initiatische Reisen. Wenn es gut läuft, folgen wir diesem Lockruf im Schutz von Identität und Verbundenheit. Es glückt uns, unserem Potential entsprechende Rollen im realen Leben zu finden, die beispielsweise Beruf, Arbeit und Existenzsicherung nicht bloß mit Pflicht und Verantwortung, sondern besonders auch mit Lust und Freude – mit der Teilhabe am „kollektiven Tanz der Energien" – verknüpfen.

Übung · Sexual-Chakra: „Das lustvolle Spiel des Lebens"

Wie immer, wenn es um libidinöse Energie geht, braucht auch diese Übung ein wenig Mut und die Bereitschaft, den Kontakt zum eigenen Sexual-Chakra deutlich ins Bewusstsein zu heben und so zu beobachten, in welcher Weise ich auf dieser Ebene mit dem Dasein in Resonanz trete. Nehmen Sie sich vielleicht einfach einen Nachmittag für dieses „Spiel des Lebens"

• Zur Einstimmung atmen Sie ein paar Mal tief ein und aus.

• Nun konzentrieren Sie Ihre tiefe Atmung auf Ihr Sexual-Chakra. Lassen Sie sich in Ihr Sexual-Chakra atmen. Und beobachten Sie, welche Bilder und Visionen nun in Ihnen aufsteigen. Halten Sie nicht an diesen Bildern fest, sondern spüren Sie bloß, wie sich dieser Flow anfühlt. Prägen Sie sich dieses Gefühl ein, so deutlich Sie können.

• Und nun tauchen Sie ein ins „lustvolle Spiel des Lebens": Gehen Sie in unterschiedliche Situationen. Gehen Sie in ein Café und lassen Sie die Atmosphäre auf sich wirken, gehen Sie vielleicht auch auf einen

Marktplatz, vielleicht in Ihre Firma, auf ein Amt oder in eine Kirche, vielleicht auch an einen menschenleeren Ort, oder gar auf einen Friedhof.

• Versuchen Sie jedes Mal, wenn Ihre Umgebung sich ändert, so deutlich, wie es Ihnen möglich ist, die Resonanz Ihres Sexual-Chakras mit den unterschiedlichen Kontexten wahrzunehmen.

• Sehr spannend kann es sein, sich danach mit jemandem, der die gleiche Übung gemacht hat, darüber auszutauschen.

Selbstbehauptung – Solarplexus-Chakra

Uns im Dasein zu positionieren und diese Position auszufüllen und zu behaupten – darum geht es beim dritten Chakra. Unser Erfolg hängt hier stark davon ab, wieweit wir den Mut und auch die reale Kraft dazu haben. Analysiert man das Ganze im Hinblick auf das seelische Wohlergehen, ist hier weniger das Ausmaß der Macht entscheidend, die unsere Identität verkörpert, als die Stimmigkeit dieser Identität in Bezug auf unser reales Potenzial. Einfach gesagt: Wer sich unter Wert verkauft, riskiert ebenso einen Burnout wie der Hochstapler, der stärker erscheinen will, als es seiner existenziellen Wahrheit entspricht.

Im Bezug auf unser Selbst können wir im dritten Chakra begreifen, was unser Potential wirklich ist. Auf der ersten Brücke ist es noch eine Hypothese, die sich auf der zweiten Brücke durch die Resonanz im Du validieren wird. Im Bezug zum Ganzen tritt nach außen und erfüllt sich, was im Innen und im geschützteren Begegnungsraum angelegt ist.

Im Solarplexus-Chakra findet im Grunde unsere energetische Geburt statt, in der Weise, dass wir uns realiter im Außen manifestieren oder eben auch verbergen. Es gibt Menschen, die im Solarplexus-Chakra eine so heftige Ausstrahlung haben, dass man fast sehen kann, wie sie in diesem Bereich pulsieren und ihr Energiefeld sich weit über ihre körperlichen Grenzen hinaus in einer Gruppe oder in einen Raum hinaus ausdehnt.

Ein Mensch, dessen drittes Chakra von seiner Basis aus gut unterstützt ist, der gute Anbindung an die Kräfte seines Sexual-Chakras hat, zieht, wenn sein Solarplexus von Natur aus kräftig ist, sofort die Aufmerksamkeit auf sich, wenn er einen Raum betritt. Solche Menschen sind präsent, sie sind spürbar und sie sind mächtig. Sie haben eine enorme Attraktivität, auch sexuell. Es ist die Kraft, die Königinnen und Könige macht.

Diese Kraft gebiert sich im Solarplexus. Wenn Sie damit Erfahrung haben, fällt es auf dieser Ebene leicht, relativ schnell zu erkennen, ob eine bestimmte Person für eine Führungsposition geeignet ist. Bildlich gesprochen, muss man ihr oder ihm nur auf den Bauch schauen. Wer hier keine Kraft hat, wird kein brauchbarer Führer. Umgekehrt, wenn hier wirklich jemand Kraft hat, dann wird er eine Führungsposition einnehmen, und keiner wird ihn darin hindern. Meist besteht eine mehr oder minder starke wechselseitige Resonanz zwischen dem persönlichen und dem „kollektiven" dritten Chakra.

Noch stärker als auf der Ebene des zweiten Chakras ist daher das Realitätsprinzip eine wesentliche Orientierungshilfe – wobei die Realitätsüberprüfung an diesem Punkt quasi zum ersten Mal den geschützten Raum der vertrauten Beziehungen verlässt. Auf der ersten Brücke – dem Bezug zum Selbst – kann ich hoffen oder auch nicht, dass meine Hypothese über mich selbst meiner Wahrheit wie auch meiner Realität entspricht. Auf der zweiten Brücke erhalte ich die Resonanz der für mich persönlich erfahrbaren Menschen, vor allem der mir vertrauten Menschen. Sie spiegeln mich mit ihren Augen und helfen mir, mein Selbstbild zu korrigieren. Oft können hier dank der Spiegelung der anderen quälende Ängste aus der Vergangenheit geheilt werden, und damit wird mein Identitätserleben bis hinein in die Basis gestärkt. Dabei hängt viel davon ab, wieweit in den persönlichen Beziehungen die Bereitschaft geht, ehrliche und wahrhaftige Rückmeldung zu geben und auch anzunehmen. Hier findet eine wesentliche Vorbereitung auf den Weg in die Welt statt; hier gewinne ich die Kraft, wirklich zu mir zu stehen und mich dann schließlich – auf der dritten Brücke – der Spiegelung der ganzen Welt auszusetzen. Je realer mein Selbstbild ist und je zutreffender die Rückmeldungen waren, die ich erhielt, desto angstfreier kann ich mich dem Blick der Welt aussetzen.

Wenn mein Selbstbild nicht realitätsbezogen ist, können die Diskrepanzen in zwei Richtungen gehen: Entweder unterschätze ich mich, was mich entmutigt. Die psychotherapeutische Literatur ist voll von Geschichten von Menschen, die zu sehr entmutigt wurden, um den Schritt ins Leben zu wagen. Heilung bedeutet dann die Korrektur des Selbstbildes in Richtung auf mehr Vertrauen in die eigenen Fähigkeiten. Die Diskrepanz kann jedoch auch aus dem Gegenteil resultieren: dass ich mich und meine Möglichkeiten nicht unter-, sondern überschätze. Wenn mich mein Umfeld nachhaltig unkritisch spiegelt, breche ich mit überzogenen Erwartungen auf in die Welt und muss dann feststellen, dass die Welt nicht bereit ist, zu halten, was z.B. Eltern, Schule und Staat womöglich leichtfertig versprochen haben. Heilung bedeutet dann die Versöhnung mit der Endlichkeit, mit den eigenen, wenn auch begrenzten Möglichkeiten.

Sowohl zu hohe als auch zu niedrige Erwartungen ans Leben können zum Verlust der Lebensenergie führen. Lebt jemand zu lange unterhalb seiner Kraft, resigniert er oft und brennt aus. Er fühlt sich dann vielleicht wie ein Rennwagen, der immer nur gedrosselt durch die Fußgängerzone fährt. Noch häufiger ist das umgekehrte Phänomen, das nämlich eine Illusion im Ich-Ideal zu einer Selbsteinschätzung geführt hat, die vom realen Talent nicht getragen wird. Dies verführt dazu, sich auf Lebenskämpfe einlassen, die man niemals gewinnen kann. Ganz konkret bezogen auf Burnout ist zu betonen: Es kostet ungeheuer viel Kraft – und zwar Kraft, die nicht wirklich zur Verfügung steht –, eine Position einzunehmen, die vom Solarplexus nicht getragen wird. Irgendwann, oft in der zweiten Lebenshälfte, kommt es hier in der Regel zum Zusammenbruch; dieser ist fast immer identisch mit dem, was in der Physiatrie eine narzisstische Depression genannt wird. Wie Kinder im Spiel ihrer Phantasie glauben, sie seien Winnetou oder Pippi Langstrumpf, so glauben Erwachsene, dass die Rolle, die sie in ihrer beruflichen Welt spielen, mit ihrer realen Kraft vereinbar ist. Manchmal glauben sie das zu Unrecht, wobei ihnen mit viel Kraft und entsprechendem Talent über lange Zeit gelingt, die Welt zu täuschen. Doch sich selbst zu täuschen, gelingt selten wirklich. Und so wissen oder ahnen diese Menschen oft, dass sie die Welt etwas glauben machen, was sie bestenfalls teilweise erfüllen, und sie entwickeln – oftmals unbewusst – Schuldgefühle und Angst vor Entlarvung. In dem Moment, wo die Kraft im Solarplexus geringer wird als die Energie, mit der sie ihre Lebenslügen aufrechterhalten, phantasieren sie dann den Eintritt der Katastrophe mit dem Resultat des Abgleitens in die Depression.

Das Ausmaß der Kraft im Solarplexus ist von vielen Faktoren abhängig. Es ist nicht nur eine Frage der energetischen Ernährung durch die Chakren 1 und 2, sondern ändert sich beispielsweise auch im Laufe des Lebens. Ein wesentliches Element dieser Energie sind die Hormone, die im Alter abnehmen, was bei praktisch allen Menschen zu der subjektiv evidenten und auch objektiv unleugbaren Tatsache nachlassender Kräfte führt. Das Alphamännchen oder -weibchen wird gnadenlos damit konfrontiert, dass die Macht schwindet, dass die Kinder von gestern – die Söhne und Töchter – die Alphatiere von morgen sind. Das bedeutet Sterben im Leben.

Wir alle kennen die traurigen Gestalten, die an Rollen festhalten, die kein reales Gegenüber mehr bestätigen würde. Viele, die im Alter zwischen 45 und 55 in Depressionen fallen, sind Opfer ihrer eigenen Neigung, an wesentlichen Teilen ihrer Identität festzuhalten, die lange Zeit einen wichtigen Beitrag zum ihrem Selbstwertgefühl geleistet haben, dann aber mehr und mehr wegfallen – was erfordert, dass andere Ressourcen an ihre Stelle treten. Auf der ersten und zweiten Brücke kann dieser Prozess oft lange verleugnet werden. Auf der dritten Brücke herrscht diesbezüglich konfrontative Klarheit.

Es gibt sie nicht, die ewige Jugend. Irgendwann stirbt der jugendliche Liebhaber, und wenn er Glück hat, wird er als der alte Weise wiedergeboren, vielleicht auch als *dirty old man*, aber niemals als *young man*. Und irgendwann welkt Dornröschen – wenn es rechtzeitig erwacht ist, wird es zur lichten, reifen Königin. Wer diese Wandlung jedoch verweigert, auf den warten oft Verbitterung und Hass. Wichtig ist die existenzielle Schwelle: Immer muss das Alte sterben, damit das Neue geboren werden kann. Wenn dies gelingt, kann das Neue zu seiner eigenen, mit deren spezifischen Glück ausgestatteten Blüte kommen, was auch die Ebene des Solarplexus-Chakras wiederbelebt – oft gestützt durch einen breiten Flow aus dem Herz-Chakra: Der Geschäftsmann, der gestern noch resigniert auf den Zenit seines Lebens zurückblickte, gerät in Verzückung, wenn er – befreit von den Bürden des Existenzkampfes und ohne die Last der elterlichen Verantwortung – sein Enkelkind in den Armen hält. Manch ältere Frau spürt irgendwann die Erlösung, den jahrzehntelangen Konkurrenzkampf um die Rolle der Schönsten hinter sich zu haben; nun kann sie sich vielleicht lustvoll in ganz andere Kämpfe stürzen, an denen sie Spaß hat.

Älter werden sei nichts für Feiglinge, heißt es – und das stimmt sicherlich. Älterwerden bedeutet aber auch: gute Chancen auf neue Rollen, neuen Erfahrungsreichtum, neue Freude.

Übung · Solarplexus-Chakra: „Manifest werden"

In dieser Übung laden wir Sie ein, damit zu experimentieren und auch zu spielen, wie unterschiedlich Sie sich auf der Ebene des Solarplexus-Chakras in die Welt einbringen können, und sorgfältig wahrzunehmen, wie sich in Abhängigkeit davon die Resonanz der Welt auf Sie ändert.

• Für dieses Experiment und Spiel gibt es viele Chancen: Sie können beispielsweise achtsam in den Wald gehen oder torkeln wie ein Tölpel – probieren Sie beides aus. Spüren Sie hin, ob Ihr Kontext antwortet.

• Ideal für die Übung ist eine Party. Spüren Sie zunächst hin: Sind Sie jemand, der prompt den Raum füllt, den er betritt? Oder jemand, der vielleicht lange übersehen wird, bis die anderen endlich merken, dass es ihn gibt? Fragen Sie sich: Ist das bloß auf dieser Party so – und in Ihrem Beruf vielleicht ganz anders, oder in Ihrer Familie oder wo auch immer?

• Nun nutzen Sie die Situation, um zu experimentieren und mit den Möglichkeiten zu spielen. Versuchen Sie zunächst einmal, ganz bewusst zaghaft zu sein. Üben Sie mal, unsichtbar zu werden. Was müssen Sie zu tun, um nicht beachtet zu werden, und in wieweit gelingt Ihnen dies? Wie geht es Ihnen damit? Wie fühlen Sie sich im Bezug zu Ihrem Selbst?

• Und jetzt versuchen Sie mal das Gegenteil: mit aller Präsenz, die Ihnen möglich ist, kraftvoll und mit klarem Blick auf die anderen, einen Raum zu betreten. Spüren Sie hin, machen sich auch hier bewusst, wie die anderen auf Sie reagieren, und wie es Ihnen damit auf der Ebene des Solarplexus-Chakras geht.

• Sehr spannend kann der Austausch mit anderen Partygästen über dieses Thema sein.

„Die Raupe und der Schmetterling" – Herz-Chakra

In unserer Entwicklung zum reifen Menschen gibt es eine lange Phase, in der unser Herz wachsen muss, genährt von der liebenden Zufuhr, die ihm von außen zuteilwird. Erst dann kann es sich wirklich öffnen – und seinerseits im nährenden Sinne geben. Es ist wie bei der berühmten „kleinen Raupe Nimmersatt",[16] die aus einem Ei schlüpft und sich eine Woche lang durch Unmengen an Lebensmitteln frisst, am Ende der Woche dick und rund ist, sich verpuppt und zu einem wunderschönen Schmetterling wird. Zunächst einmal wird aufgesogen, was immer sich bietet, und alle verfügbare Kraft gebraucht, um zu wachsen. Und das Geschenk an die

16) Eric Carle: „Die kleine Raupe Nimmersatt".

Welt besteht schließlich in der Anmut eines schönen, kraftvollen Wesens, das aus diesem Prozess der Selbstverwirklichung auftaucht.

Dies ist dann möglich, wenn der innere Reichtum, der aus den unteren Chakren zum Herzen wächst, so groß wird, dass er quasi das Herz bis zum Überfließen füllt und es sich daher auf der Grundlage des eigenen Reichtums nach außen ergießen kann. Hier findet im Lebensprozess eine Umkehr statt: In Kindheit und Jugend fließt die Liebe von außen nach innen, ab dann von innen nach außen.

Liebevoll wird, wer viel Liebe erfuhr. Das gilt für die Selbstliebe, die ich entwickle in Identifikation mit einer nährenden, meist Mutterfigur. Und das gilt, wenn dieser Fluss der Liebe, der primär nach innen geht, „so viel Wasser führt", dass eine authentische, liebende Zuwendung zum Außen möglich ist. Erst wenn die eigene Bedürftigkeit auf basaler Ebene gestillt ist, kann sich das Herz weiter öffnen. So haben beispielsweise manche frühe Du-Beziehungen nur die Funktion, unsere Basisidentität zu stützen. Die schöne Frau oder der mächtige Mann an meiner Seite dient meiner Reputation nach außen, genauso wie mein erfolgreiches Kind. Und wehe, Partner oder Kinder versagen, dann droht mir in diesem Stadium ganz leicht, dass ich aus meiner Illusion der Liebe herausfalle und im Urschlamm meiner eigenen Bedürftigkeit versinke. Erst wenn die Wachstumsprozesse auf dieser basalen Ebene gut verlaufen sind, wenn ich in der Lage bin, meine Egobedürfnisse klar zu erkennen und durchzusetzen, kann sich die Pforte, an der die Herzenergie, als eine wesentliche Manifestation des Daseins, spürbar wird, öffnen. Erst dann ist möglich, was manche Menschen bedingungslose Liebe nennen. Eine Form der Liebe, die durch uns hindurch ins Dasein fließt, sich in der Hinwendung zum anderen erfüllt, ohne jemals versiegen zu können. Diese Hinwendung zur Welt, die nicht mehr buchstäblich halbherzig ist, gehört zu den erfülltesten Momenten des Daseins.

In unserem Bezogensein auf das umfassende Ganze ist das Herz-Chakra eine der kraftvollsten Energien. Hier verbinden sich sehr intensiv – so sagt es die Mythologie – die existenziellen Kräfte aus der Basis mit der Strahl-kraft aus dem Scheitel-Chakra, also dem Licht von oben. Viele Menschen können den Moment dieser Erfahrung in ihrer Entwicklung relativ genau festmachen an einem für sie wesentlichen und sie berührenden Erlebnis. Das kann der Blick in die Augen des Geliebten genauso sein wie das erste blinde Lächeln eines Neugeborenen, ein Sonnenuntergang am Meer oder das Glück, etwas Schwieriges, lang Ersehntes erreicht zu haben: die Ausbildung allen Widrigkeiten zum Trotz abgeschlossen, die Doktorarbeit fertiggestellt, einem Menschen das Leben geschenkt oder die erste Jahres-bilanz des Jungunternehmens mit „schwarzen Zahlen" erstellt. Plötzlich empfinden wir ein uns bis dato wenig bekanntes Gefühl. Manche erleben das als tiefe Dankbarkeit dafür, Teil dieser Schöpfung sein zu dürfen. Andere spüren wirklichen Reichtum in sich und sehnen sich danach, diesen zu teilen, und zwar nicht auf der Grundlage romantischer Ideali-sierungen, sondern eben auf der Grundlage des wirklichen Erlebens existenzieller Fülle. In diesen Momenten definiert sich die Vorstellung von Liebe neu. Sie ist nicht mehr nur sexuell und persönlich, sondern auch altruistisch und universell. Sie bezieht sich nicht ausschließlich auf den eigenen Partner oder die eigene Familie, sondern auf Umfassenderes. Aus dieser Liebe heraus will man geben, aus einer erlebten Fülle heraus, ohne narzisstische Dankeserwartungen. Diese Erfahrung von Herzenergie stellt für viele Menschen die tiefstmögliche Erfahrung von Glück dar.

Ein Burnout-Syndrom wird ein Mensch, der diese über sich selbst hinausreichende Herzensverbindung erreicht hat, wohl nie entwickeln; die Energien, die ihn nähren, sind ihrer Natur nach unerschöpflich.

Übung: Herz-Chakra: „Du bist fertig, wenn du die Flügel bei allen siehst"

- Setzen Sie sich bequem hin, schließen Sie die Augen.
- Atmen Sie tief ein. Spüren Sie, wie Ihr Atem Ihren Brustkorb, Ihr Inneres dehnt. Atmen Sie tief aus – als Auftakt zu einigen tiefen,

rhythmischen Atemzügen. Lenken Sie beim Einatmen die Energie in Richtung Herz. Atmen Sie in Ihr Herz hinein. Mit jedem Atemzug in Ihr Herz hinein spüren Sie mehr, dass das Herz eine Art Raum ist, der sich zunehmend mit einer rosafarbenen Energie füllt.

• Stellen Sie sich vor, Ihr Herz füllt sich mehr und mehr mit dieser Energie. Es ist eine rosafarbene Energie, mit der Ihr Herz sich mehr und mehr füllt – so sehr, dass es schließlich überquillt. Die Energie füllt Ihren Brustraum und steigt auf, durchströmt Ihre Kehle und fließt schließlich mit dem Ausatmen durch Ihre Augen in die Welt.

• Nun sehen Sie die Welt mit der Energie des Herzens.

• Nun stehen Sie auf.

• Sie öffnen die Augen.

• Sie lassen sich mit diesem Blick des Herzens etwas in Ihrer Umgebung anschauen, von dem Sie wissen, Sie lieben es. Vielleicht ist es nur die kleine Yukka-Palme in der Zimmerecke, vielleicht ist jemand in der Wohnung, im Haus: Ihr Partner, Ihr Kind. Vielleicht ist es auch draußen: der Baum, den Sie gepflanzt haben vor Jahren. Vielleicht ist es Ihr Haustier? Die Katze, das Kaninchen, der Hund? Was auch immer – lassen Sie Ihren Blick voll rosafarbener Herzenergie etwas schauen, das Sie lieben.

• Und nun lassen Sie uns einen Schritt weiter gehen. Mag sein, was wir jetzt üben wollen, hat zu tun mit dem, was Jesus meinte, als er sagte: „Liebet Eure Feinde." Oder mit dem, was beispielsweise im Buddhismus als das „Nichtbewerten" bezeichnet wird. Lassen Sie es uns versuchen. Schauen Sie an, wovon Sie nicht wissen, ob Sie es lieben. Wovon Sie bisher vielleicht eher glaubten, es sei garantiert nicht zu lieben.

• Nehmen Sie sich Zeit, mit dem Energieblick des Herzens zu spielen. Schauen Sie sich an, was Sie lieben, und schauen Sie auch Aspekte des Daseins an – seien es Menschen oder Situationen –, die Sie bislang abgelehnt haben. Betrachten Sie sie mit den Augen der Liebe.[17]

17) Vergl. hierzu auch Jeru Kabbal Quantum light 2

„Viele Stimmen in meiner Brust ...“ – Kehl-Chakra

Die enorme Bedeutung der Stimme und der Atmung, die durch die Kehle ein und ausströmt, für letztendlich unser gesamtes In-der-Welt-sein wird oft unterschätzt. Wer seinen Platz in der Welt sucht, um ihn zu behaupten, seine Stimme aber zurücklässt, wird nicht viel davon haben, denn er wird sich weder mit voller Kraft nach außen zeigen noch aus den Quellen seiner Tiefe schöpfen können.

Schon die erste Manifestation unserer Persönlichkeit nach der Geburt – eines der wesentlichen Zustimmungsereignisse zu unserer Existenz, zu diesem unserem Leben – ist ein Schrei. Viele Menschen wirken schon bei diesem ersten Schrei als Neugeborene kleinlaut, und oft bleiben sie es ein Leben lang. Andere stoßen schon in dieser Situation ihren Präsenzschrei aus, der den Raum definiert, den sie ab jetzt einnehmen werden. Dieser erste Schrei hat auch insofern eine besondere Bedeutung, als er in aller Regel ungehemmt und damit zu hundert Prozent authentisch ist.

Über die inhaltliche Qualität der ersten stimmlichen Manifestationen wurde in den letzten hundert Jahren viel spekuliert. Angefangen von Otto Rank,[18] der der Geburt die Dimension eines Traumas zuschrieb, bis hin zu Überlegungen und Mutmaßungen dahingehend, dass der erste Schrei Ausdruck von Todespanik sei, ausgelöst durch Schmerzen bei der Entfaltung der Lungen, bei der manchmal viel zu schnellen Umstellung auf die eigene Atmung. Wie auch immer: Wenn man das Glück hatte, bei vielen Geburten als Arzt anwesend zu sein, konnte man auf vielerlei Weise erfahren, wie eindeutig individuell die ersten Äußerungen neugeborener Kinder sind. Mag ihre neue Situation nun schmerzvoll oder lustvoll sein, auf alle Fälle scheint jeglicher Selbstausdruck neugeborener Kinder im Zusammenhang damit zu stehen, dass sie sich auf ihre persönliche Art damit auseinandersetzen.

Wie sehr das Kehl-Chakra mit dem Sexual-Chakra verbunden ist, weiß jeder. Unser Lustschrei verbindet uns mit uns selbst, mit unserem Partner und mit dem Dasein. Das Vertrauen in die Welt und darauf in dieser Welt

---

18) Otto Rank, „Das Trauma der Geburt und seine Bedeutung für die Psychoanalyse“.

angenommen zu sein, spielen eine fundamentale Rolle dabei, ob jemand seine Lust und seine Leidenschaft durch seine Kehle in die Welt schreien kann oder ob er angst- oder schamvoll zurückschaudert und damit oft auch unerfüllt bleibt. Menschen, die in diesem Bereich sehr gehemmt sind, spüren oft ein Leben lang die Angst vor den Tabus und gleichzeitig das Leid eines unerschlossenen Potentials: Unsere Lust und unsere Kreativität wollen sich über uns hinaus ausdehnen, in die Familie, in den Freundeskreis, in die Welt. Die Stimme und die Atmung – und damit das Kehl-Chakra – sind bei vielen Menschen das entscheidende Tor.

Das Kehl-Chakra ist insbesondere die Pforte der Atmung. In gewisser Weise kann man sogar so weit gehen, dass die Stimme die im Kehlkopf moderierte Variante der Ausatmung ist. Letztendlich wird der erfolgreiche Schritt nach außen erst hier ermöglicht. Praktisch jede Emotion bedarf, wenn sie bewältigt werden soll, einer ausreichenden Unterstützung durch die Atmung und damit eines adäquaten stimmlichen Ausdrucks. Kleinlaut vorgetragene Wut ist ebenso wenig hilfreich auf der Brücke nach außen wie versachlichte, tonlose Trauer. Auch Liebe kann meist nicht allein mit den Augen oder mit Gesten vermittelt werden. Auch sie bedarf eines emotional authentischen stimmlichen Ausdrucks, damit sowohl das Du als auch die Welt mit ihr in Resonanz treten kann.

Ein wesentlicher Bezug des Kehl-Chakras auf der dritten Brücke besteht zum Solarplexus-Chakra. Der Löwe schreit, um sein Revier und seine Dominanz im Rudel zu definieren – und zwar, ohne zu bedenken, dass er ein Reihenmittelhaus bewohnt und möglicherweise den Mittagsschlaf der Nachbarkinder stört. Er tut dies auch ohne jegliches Schuldgefühl, eine solch ungehemmte Ausdrucksweise seiner männlichen Kraft sei möglicherweise wider den Zeitgeist. Wenn er solche Blockaden hätte, würde er vermutlich seine Stellung im Rudel verlieren.

Der stimmliche Ausdruck von Macht und Ohnmacht hat sicherlich atavistische Aspekte und findet auf jeden Fall statt im Rahmen des Kräfteparallelogramms des sozialen Kontextes eines Menschen. Gerade die

Stimme macht deutlich, was für alle Chakren in gewisser Weise zutrifft – soweit wir sie von der „dritten Brücke" aus betrachten: Sobald wir uns dem Ganzen des Daseins zuwenden, befinden wir uns immer und mit allem in Interaktion.

Für uns Psychotherapeuten ist es immer wieder eindrucksvoll, die Erfahrung zu machen, dass unsere Patientinnen und Patienten wesentlich vielfältiger sind als das, was sie in der Stunde von sich zeigen. Der Mann, der in wunderbarer Kooperation hoch engagiert mit uns zusammenarbeitet, kann, ohne dass er selbst es merkt, daheim der absolute Albtraumvater sein, der seine Kinder mit überzogenen Ansprüchen und Verachtung knechtet; die Frau, die uns warmherzig und freudvoll anlächelt, kann zu Hause kalt, feindselig und strafend sein. Alles ist möglich. Es kann auch der wilde Mann vor uns sitzen, der im realen Leben ein Angsthase ist … Ablesen lässt sich die Vielfalt an Facetten eines Menschen häufig am Spektrum seiner verfügbaren Stimmen. Diese Vielfalt ereignet sich auch auf der Brücke zum Du. Auf der dritten Brücke gewinnt sie indes eine besondere Dimension, weil hier die Stimme die Macht gewinnt, eine klare und eindeutige oder aber auch eine zwiespältige und damit verwirrende Resonanz zur Welt herzustellen.

Eine der feinsten Stimmen ist – wenn sie fließen darf – die Stimme des Herzens. Wir alle erkennen diese Stimme, wenn wir sie hören. Es ist die Stimme, mit der wir und die anderen Menschen Liebe kommunizieren. Jene Stimme, die die Macht hat, die Welt zu verzaubern und Tore zu öffnen, die ohne diese Stimme für immer verschlossen blieben. Es ist die Stimme, die einem unerschöpflichen Ozean liebevoller Energie entliehen wird. Umso gravierender wirkt es sich aus, wenn ausgerechnet diese Dimension des Kehl-Chakras niedergehalten, geknebelt, unterdrückt wird.

Im Film „Wie im Himmel"[19] gibt es diese anrührende Szene, wo das älteste Gruppenmitglied – nach einem langen Prozess der Vertrauensbildung in der Gruppe, einem Chor – seiner gleichaltrigen Freundin vor den Ohren aller gesteht, von den Tagen der Schule an bis jetzt immer nur

---

19) „Wie im Himmel" (Schweden 2005, R.: Kay Pollak).

sie geliebt zu haben. Wir werden Zeuge, wie ein Jahrzehnte lang gehemmtes Herz endlich im Schutz des Ganzen durch das Tor der Kehle den Weg zu seinem Du findet. Eine wundervolle Szene: eine hoch subtile menschliche Situation in einer absolut existenziellen Stimmigkeit. Was mitschwingt, ist auch die ganze Traurigkeit des unerhörten Herzens. Unerhört, weil es unhörbar war. Es wagte nicht, sich Gehör zu verschaffen, weil es ungehörig fand, was es fühlte, und daher nie wagte, sich anzuvertrauen.

Liebe, die nicht durch die Pforte der Kehle zu fließen wagt, ist ein wesentlicher Aspekt des Unglücks vieler Menschen. Ohne der Liebe eine Stimme zu geben, ist ein tieferes Ankommen in der Existenz praktisch unmöglich. Oft ahnen die anderen die Wahrheit des Herzens, und sie leiden genauso wie der Gehemmte darunter, dass er nicht endlich ausspricht, was er anscheinend, wenigstens hoffentlich doch fühlt. Wie oft hörten wir schon die Worte, „Vater liebte mich, aber er konnte es leider nie sagen. Selbst auf dem Totenbett blieb er verschlossen."

Wichtig ist, gerade mit Blick auf das Kehl-Chakra, dass die Bezüge zum Selbst, zum Du und zur Welt unablösbar miteinander verwoben sind. Nicht wenige Menschen finden beispielsweise in der Öffentlichkeit ihres täglichen Lebens die Ermutigung, das in sich zu entwickeln, was ihnen im Bezug zum Du bislang nicht möglich ist.

In den letzten Jahren haben wir uns regelmäßig getroffen, wobei es aber im Grundsatz um seine Frau ging, die an einer schweren Angstneurose litt. Mit großer Liebe und Fröhlichkeit trug er sie auf Händen durchs Leben, bemühte sich, ihr die Sicherheit zu geben, die sie so dringend brauchte. Hier gab er Kraft, die er anderswo bekam, durch Bestätigung bei der Arbeit, durch Freunde.

Bisweilen litt Fred darunter, dass trotz aller Sicherheit, die er ihr bot, seiner Frau seine Präsenz nie reichte. Nichts ersehnte sie mehr als den Tag, an dem er endlich in die Phase der Altersteilzeit eintreten würde.

Dann war es so weit; jetzt war er 24 Stunden täglich verfügbar. Ihr

Glück schien vollkommen; bloß die Freunde und das ehrenamtliche Engagement von Fred störten noch. Es dauerte noch vier Jahre, und Freds Leben außerhalb der Ehe war Vergangenheit. Jetzt gehörte er ganz ihr.

Jetzt saß er vor mir, er, den ich als kraftstrotzenden fröhlichen Mann kannte, saß da, wie ein gebrochenes Häufchen Elend. Er war traurig, er war gelangweilt, er fühlte sich krank und elend. Es dauerte gar nicht lange, bis wir herausfanden, dass an der Basis all seines Leidens folgende ungesagten Sätze an seine Frau standen: „Ich weiß, dass es dir Angst macht. Doch ich muss darauf bestehen, dass du mir mehr Freiheit lässt. Ich brauche mehr Zeit für mich allein und für Kontakt zu anderen Menschen. Nur dann kann meine Liebe zu dir überleben." Dies zu sagen, hatte er bisher nicht übers Herz gebracht. Ihr zu sagen, wie sehr ihm das Leben außerhalb der Beziehung fehlte, das war ihm bislang nicht möglich erschienen. Seine Kehle war zugeschnürt gewesen, und seine Kraft war versiegt in den letzten vier Jahren. Nur lautlos hatte er schreien können, in Form eines psychosomatischen Schmerzsyndroms. Doch nun würde er ihn sagen, den Satz: „Ich brauche mehr Zeit für mich allein und für Kontakt zu anderen Menschen." Er liebte sie wirklich. Sein ganzes Herz war voller Fürsorge für seine Frau, und es bekümmerte ihn sehr, sie mit diesem Satz verunsichern zu müssen. Und doch wagte er es, und das Wunder geschah. Sie gab ihm den Raum, den Raum, den er brauchte, wenn auch schweren Herzens. Und was genauso wichtig ist, er nahm sich diesen Raum auch. Nun konnte er ihr sagen: „Heute treffe ich mich mit Freunden zum Fußball." „Heute gehe ich mit einem Freund wandern." „Da hat jemand ein Problem mit der Heizung, ich fahre hin und repariere ihm das." Er hatte die Stimme wiedergefunden. Er tat, was er sagte, in Respekt und Liebe für seine Frau, und nach kurzer Zeit war er wieder der kraftstrotzende fröhliche Mann. Er war nicht mehr der Gefangene seiner Frau, nicht mehr gleichsam gefangen auf der zweiten Brücke. Sondern er war frei, über die dritte Brücke zu gehen, draußen in der Welt Anregung zu finden und die Kraft zu sammeln, die er für seine Beziehung braucht.

Manchmal ist das Kehl-Chakra auch die mehr oder weniger willfährige Pforte von Lügen. Wir kommen jedoch im Falle von Lügen immer in irgendeiner Weise in ein Dilemma: Dummerweise weiß unser wahres Ich, dass wir lügen. Mindestens an dieser Stelle der Inkongruenz geht Energie verloren, die dann unserer Stimme fehlt. Manch einer bringt das eine oder andere buchstäblich nicht über seine Lippen, manch einem verschlägt es buchstäblich die Stimme. Dieser Aspekt kommt insbesondere in Krisenzeiten und Wandlungssituationen in unserem Leben zum Tragen. In diesen Zeiten wird die manchmal komplexe Verstrickung von bewussten und unbewussten Prozessen in der Stimme erkennbar. Das Kehl-Chakra ist besonders umfänglich eingebunden in das umfassendere Ganze; es tritt in besonderer Weise mit der Mitwelt in Resonanz – ganz im Sinne der alten Spruchweisheit: „Wie man in den Wald hinein ruft, so schallt es heraus."

Eine weitere fundamentale Qualität des Kehl-Chakras besteht darin, dass die Stimme über die Sprache Realität erschafft. Erst was gesagt ist, ist „auf der Welt" und hat Konsequenzen. Aus diesem Grund versuchen Menschen es in Konfliktsituationen oft mit Verstummen. Die Illusion dahinter ist, dass durch Schweigen der genaue Blick auf den Konflikt und seine Austragung vermieden werden kann. Genau diese Illusion ist eine der fundamentalsten Quellen für Burnout überhaupt. Denn Energien werden dann bis zum letzten Rest darauf verschwendet, das scheinbar Unerträgliche nicht zu sagen und so die Fassade einer Scheinrealität aufrechtzuerhalten. Manchmal ist es sehr eindrucksvoll, mitzuerleben, wie groß die Erleichterung ist, die Menschen empfinden, wenn das Vermiedene endlich gesagt wird und damit der Bezug zum Leben wiederhergestellt wird.

Ich treffe Milla. Milla ist fünfundsechzig, und sie pflegt ihren Mann, seit acht Jahren. Er hatte erst einen Schlaganfall und dann einen Hirntumor, und sie ist von morgens bis abends und auch in der Nacht seine

Pflegerin. Seine einzige Pflegerin. Sie füttert ihn, wäscht ihn, kocht für ihn, wechselt seine Windeln, und nachts liegt sie auf dem Sofa und er auf dem modernen Krankenbett, das im Wohnzimmer steht, und hört sein Ächzen und Stöhnen und kommt nicht zur Ruhe. Eine zu Tode erschöpfte, ausgebrannte Frau. Aber da ist noch mehr.

„Mit wem reden Sie?", frage ich.

„Mit den Nachbarn", sagt sie. „Die sind alle sehr nett, und alle sagen, ich sei eine Heilige, so, wie ich mich aufopfere."

„Und Sie", frage ich. „Fühlen Sie sich wie eine Heilige?"

Sie schaut zu Boden, schweigend.

„Was fühlen Sie für Ihren Mann?"

Sie schweigt.

„Lieben Sie ihn?"

„Nein!" Sie beginnt bitterlich zu weinen.

„Pflegen Sie ihn gerne?"

„Nein! Ich hasse es!"

Sie brüllt es fast, und unter den Tränen ist etwas Neues. Leben! Milla wird noch oft „Nein!" sagen bei unseren Treffen, und mit jedem „Nein!" wird sie stärker werden.

Später wird sie sagen, dass dieser Akt, das Unaussprechliche zu sagen, sie zurück in ihr Leben gebracht hat.

Sprache kann Realität vermeiden. Dies ist immer dann der Fall, wenn mit tröstenden Worten von dem, was wirklich ist, abgelenkt werden soll. Falscher Trost schützt allenfalls den Tröstenden, den Menschen in der Krise behindert er nur, weil er den Fluss seiner Lebensenergie mit einer Art Plombe verschließt. Solche Plomben zu öffnen ist eine der großen Stärken beispielsweise kathartischer Meditationen und ganz besonders auch der Atemtherapie.

Und Sprache schafft Realität; wenn sie das tut, setzt sie Energie frei. Diese Energie ist genau jene, die beispielsweise beim Burnout fehlt. Mit dieser Energie können Krisen wirklich angegangen, Konflikte wirklich gelöst werden.

Übung · Kehl-Chakra: „Von Engeln und Narren"

Diese Übung ist eine Einladung, Ihren Ton in Resonanz zu erleben mit einem größeren Ganzen. Das kann eine Gruppe sein: Bilden Sie einmal mit fünf, sechs oder mehr Freunden einen Kreis. Lassen Sie alle anfangen, ihren Ton zu suchen und diese ganzen Töne zu einem Ton der Gruppe zu verschmelzen – eine wunderbare, oft sehr verbindende Erfahrung, zum Beispiel auch für Teams, die miteinander arbeiten wollen. Und eine wunderbare Einstimmung und Vorbereitung bildet auch hier der Film „Wie im Himmel".

Oder Sie gehen in die Natur: beispielsweise in den Wald, oder fahren Sie ans Meer. Das ist eine sehr meditative Variante. Suchen Sie im Sound der Natur nach Ihrem Ton: Erfahren Sie, wie Ihr Ton mit jenen der Natur in Resonanz tritt.

Eine heftige Übung gerade für Menschen, die keine Karnevalfans sind, besteht darin, eine Karnevalsveranstaltung zu besuchen. Grölen Sie – unter Nichtachtung des inneren Kritikers – so lange mit den Narren, bis Ihr Kehl-Chakra sich der Frequenz Ihrer Umgebung öffnet. Wer das wirklich wagt, wird eine unvergessliche Erfahrung machen.

„Auge in Auge mit dem Zeitgeist?" – Stirn-Chakra

Das dritte Auge ist jenes Organ, mit dem die individuelle Intuition an der dritten Brücke in Resonanz tritt mit der Vision des Kollektivs. Hier geht es um die Vision des Kollektivs, um das Verbinden mit dem Zeitgeist. Hier bestimmt die Intensität das Schicksal eines Menschen. Wer sich einlässt, ohne sich zu verlieren, hat hier die Möglichkeit, lustvoll im

Mainstream der geistigen und kulturellen Entwicklungsprozesse seiner Generation zu schwimmen.

Am Anfang unseres Lebens haben die meisten von uns – ganz sicher nicht alle – einen relativ leichten und ungehemmten Zugang zu ihrer eigenen Intuition. Wer Glück hat, hat Eltern, die ihre Intuition liebevoll in Verbindung mit jener der Kinder bringen können. Eltern und Kinder treten oft Hand in Hand in eine von vielen kollektiven Bildern geprägte Kinderwelt ein, in der sich erst relativ langsam auf der Seite des Kindes eine verlässliche und tragfähige Realitätsbasis entwickelt, die die Phantasieprozesse, jene frühen Blüten der Intuition, zwanglos integriert in eine Realitätssicht, die intuitive Prozesse durchaus mit einbezieht, sie aber auch überprüft und relativiert. Insofern kann in der menschlichen Entwicklung das dritte Auge von vornherein auf allen drei Brücken verfügbar sein: Das Kind ahnt intuitiv, wer es ist, es bewegt sich intuitiv in eine Welt hinein, die es noch nicht kennt, gesteuert von Neugier aus dem Sexual-Chakra. Im Schutz einer intuitiven Beziehung wächst langsam das Ich.

Wenn dies so gut verläuft, wird das Kind schon früh – sicher verankert in sich selbst und seiner Basis, aber auch geschützt von guten Beziehungen – seinen Platz in dem besagten kollektiven Mainstream finden. Es wird sich darin wohlfühlen, ohne Gefahr zu laufen, sich zu verlieren. Meist ist gerade diese Ebene mit viel Freude und Kreativität verbunden, und gerade die sichere Verankerung im Mainstream erlaubt eine Fülle von Kontakten. Diese Kontakte kommen nicht zuletzt dadurch zustande, dass ein hohes Maß an gemeinsamer Schwingungsenergie mit den angesagten Visionen besteht. Beispielsweise wissen wir alle heute, sofern wir uns darauf einlassen, wie wir uns optimal ernähren, welche neuen Erkenntnisse die Wissenschaften bringen, welche Rhythmen uns unterstützen, wie wir mit Beziehungen umgehen können usw. Das heißt, wir sind, wenn diese Brücke offen ist, in der Lage, lustvoll mit den Wölfen zu heulen, ohne dabei zu vergessen, dass wir mehr sind als Wölfe. Gerade Letzteres wird uns möglich dadurch, dass wir die Resonanz auf der dritten Brücke immer an unserer eigenen Wahrheit (Brücke 1) und an der Passung zu unseren Beziehungen (Brücke 2) überprüfen können. So sind wir in der Lage, gegen den Strom zu schwimmen, müssen dies aber nicht etwa, um uns zwanghaft unsere Individualität zu beweisen, um so unsere verletzte Identität zu heilen.

Wer in dieser freiheitlichen Weise im Strom des Lebens schwimmt und gerade auf der Brücke der Intuition spielerisch tanzen kann, wird selten ausbrennen. Ins Spiel kommt die Gefahr eines Burnouts an diesem Punkt hingegen erstens, wenn die eigene Identität nicht hinreichend gesichert erlebt wird, weil im Bezug zu einem Du heftige, nach innen so durchschlagende Verletzungen stattfanden. Daraus resultiert dann die Gefahr, dass widerstandslos jeder kollektiven Assoziation gefolgt wird – im Sinne eines fatalen Selbstheilungsversuchs dahin gehend, durch absolute Anpassung an alles und jeden doch noch zu versuchen, irgendwie akzeptiert zu sein. Der Preis ist hier die eigene Wahrhaftigkeit; der Gewinn besteht oft darin, in einer Gruppe eine Identitätsprothese zu erhalten, mit der Minimalkontakte möglich sind. Der Gewinn besteht aus einer Pseudoidentität. Dabei spielt es überhaupt keine Rolle, um welche Inhalte es bei der Gruppe und der Gruppenzugehörigkeit geht; Hauptsache, es wird eine akzeptable Antwort auf die Frage: „Wer bin ich?" geliefert – solch ein Angebot halten beispielsweise sämtliche Weltanschauungen bereit. Burnout droht bei diesem pseudoidentitären Schwingen mit dem Zeitgeist, weil das innerste Selbst einsam, also letztendlich energetisch ungenährt, bleibt.

Das Gegenteil von selbstvergessener Anpassung besteht in der völligen Abwendung von kollektiven Visionen. Nicht wenige Menschen verbringen ihr ganzes Leben mit stoßgebetartigen Selbstbestätigungen, anders zu sein, sich von der Allgemeinheit mit ihren Freuden, Bedürfnissen und ihrem Denken zu unterscheiden. Ihr Lebensinhalt ist Abgrenzung, wobei sie ihre Welt auf eine häufig skurrile Art und Weise reduzieren, von der sie sich zwar Sicherheit versprechen, die sie aber letztendlich vom Fluss des Lebens abschneidet.

Wir waren Arbeitskollegen, Erich und ich, und zufällig auch der gleiche Jahrgang. 1942. Erich ist dann frühpensioniert worden, während ich erst vor fünf Jahren in Rente gegangen bin. Und jetzt mach' ich ehrenamtlich was, macht ja Spaß mit den Kids. Nachhilfe, ein paar Mal die Woche. Und irgendwie hat es sich eingebürgert, dass ich auch so weiterhelfe. Da kommen oft E-Mails von den Jugendlichen mit ganz banalen Fragen, wenn sie Stress haben mit der Schule oder den Eltern oder was auch immer. Das Leben ist ja nicht gerade leichter geworden, mit den ganzen Sachen wie Facebook und so. Und ein gestandener Mann, der seine Erfahrungen gemacht hat, und der eben auch keine Autoritätsperson ist, kann da manchmal ganz gut helfen. „Lothar, der Kummerkasten-Onkel", sagt meine Frau manchmal.

Was aus Erich geworden ist? Keine Ahnung. Er hat sich damals nach der Frühpensionierung total zurückgezogen, war auch schon vorher eher ein Einzelgänger. Ich hab ihn dann noch ein paar Mal angerufen, aber da kam nicht viel bei rum. Er ist einer von diesen alten Männern geworden, die über alles Tiraden ablassen, die an gar nichts Freude haben. Damals bei den Telefonaten hatte er es mit Handy und Computer und E-Mail und Co.: sei alles idiotisch und so, Sie kennen das ja. Ich meine, ist ja völlig okay, wenn man damit jetzt nicht unbedingt wirklich viel zu tun haben will. Aber Erich? Ich weiß nicht, woran er überhaupt noch Spaß hat, hab ich damals gedacht beim Telefonieren. Er klang so verbittert. Neulich hab ich ihn auf der Straße gesehen und gegrüßt. Ich weiß gar nicht, ob er mich überhaupt erkannt hat. Er wirkte so vereinsamt und alt und traurig und schwach.

Ohne Frage ist Erichs Angstlevel zeitlebens höher gewesen als der von Lothar; Erich brauchte die Abschottung, um sich sicher und geborgen zu fühlen. Dieser Überlebensmodus wird oft von Menschen gewählt, die in ihrer Kindheit und Jugend heftige Traumatisierungen erfuhren, häufig

Traumatisierungen durch extrem rigide Weltanschauungen. Der geistige Hintergrund dieser Anschauungen besteht zumeist in einer Dämonisierung der Welt im Allgemeinen und der Andersdenkenden im Besonderen; man sieht sich umgeben von Räubern, Betrügern, vor allem von Teufeln und Ungläubigen; Außenkontakte, externe Einflüsse gelten als gefährlich, als Bedrohung; aus dieser Sicht gilt z. B. der Weg über die Brücke der Intuition als weltanschaulicher Verrat. Es sind stark einengende Weltbilder, die indes, wenn sie von einer Gruppe geteilt werden, zeitweilig zu einem Selbstgefühl der „Geborgenheit im Guten", verbunden mit der köstlichen Illusion der eigenen Vorbildlichkeit, führen können. Doch angesichts der häufig hochgradig unrealistischen Annahmen über das Leben geraten Biografien, die vornehmlich auf diese weltanschauliche Abschottung bauen, leicht an ihre Grenzen. Dann kommen die Dämonen aus ihren Gräbern, Angst überschwemmt das Erleben, nicht selten mündend in seelische Krisen, Burnout und Depression.

Es gibt die identitätsstiftende Angstbindung auch in weniger heftigen Varianten. Auch hier ist charakteristisch, dass man dämonisiert und sich so der Teilhabe am Leben in seiner ganzen Fülle verweigert. „Ich habe aus Prinzip kein Handy." „Ich bin stolz darauf, keinen Computer zu haben." „Biologisch-vegetarisches Essen? Kaninchenfraß, der macht doch nicht satt!"

Die psychodynamische Konsequenz solcher dämonisierender Abschottungen ist stets eine Störung an der Schwelle zur dritten Brücke auf der Höhe des dritten Auges. Damit einher gehen Kommunikationsprobleme; wesentliche emotionale Ressourcen stehen daher oft nicht zur Verfügung, und die Gefahr einer Burnout-Erkrankung wächst. Im psychotherapeutischen Alltag ist es wirklich beglückend zu erleben, wie viel Lebensfreude frei wird, wenn solch eingrenzende Dämonisierungen aufgegeben werden können.

Das A und O ist, um das noch einmal zu unterstreichen: Das wohltuende, freudige, produktive Auf-Augenhöhe-Sein mit dem Zeitgeist bedarf zwingend einer guten Verankerung im eigenen Selbst und im

Bezug auf das reale, präsente Du persönlicher Beziehungen, Partnerschaften, Freunde, wirklicher, aus dem Kontakt zu tatsächlichen Gegenübern gespeister Netzwerke. Und ein zweites A und O sei noch einmal betont: Die Energie des dritten Auges sollte man selbstredend nicht verwechseln mit dem, was wir oben „die kollektive Validierung von Blödsinn" genannt haben. Das „dritte Auge" meint, um es noch einmal zu wiederholen, beides: die gedanklich-rationale und die intuitive geistige Aktivität; und es bedarf insbesondere der Verankerung im Realitätsbezug. Die Devise lautet: intuitives Erkennen und logisches Denken. Vision und Wirklichkeit.

Eine wirklich gut funktionierende Brücke zum Kollektiv auf Höhe des dritten Auges erzeugt dann einen energetischen Prozess, den man als ein Schwingen begreifen kann. Dabei fließt Energie ausgehend von unserem persönlichen Sexual-Chakra durch unser drittes Auge in das des Kollektivs und von dort aus hinunter zum kollektiven Sexual-Chakra; es kommt zur Resonanz auf dieser Ebene und zum Zurückfließen der Energie. Anders betrachtet: Unserer persönliches, kreatives Potential wagt es, sich zu artikulieren, und tritt so über die „dritte Brücke" der Intuition in Resonanz mit den kreativen Kräften des Kollektivs. Aus diesem Schwingen beziehen fundamentale Visionen ihr Potential, die Welt zu verändern: Intuition und Vision verbinden sich zu einer daseinsverändernden Kraft. Ein beeindruckendes historisches Beispiel ist etwa die Rede von Martin Luther King: Als er aus seinem tiefsten Innern der Weltöffentlichkeit seinen Traum von der friedlichen Koexistenz der Rassen vorstellte, schwang die Energie zu ihm zurück, öffnete aber auch im kollektiven System eine neue Vision, die sich schließlich, gespeist durch Herzenergie, materialisierte. Wer den Weg über die Brücke der Intuition wagt, dessen Blick weitet sich. Es entsteht eine Ebene von Intuition, die unabhängig ist von der Person und die doch als innere Stimme individuell ist. Diese innere Stimme ist im Selbst verankert und über die Brücke der Intuition auch im Kollektiv. Es ist eine Stimme, die sich in vielen Situationen als verlässlicher Kompass erweisen kann.

Übung · Stirn-Chakra: Eintauchen in Mainstream

• Nehmen sie sich Zeit für eine Meditation, die darin besteht, sich auf eine zeitgenössische, kollektive Vision einzuschwingen.

• Bitten Sie Ihren inneren Kritiker, eine Zeitlang zu schweigen. Konzentrieren Sie sich ganz bewusst auf den Zeitgeist, den Mainstream. Was ist gerade angesagt?

• Es ist ganz egal, auf welches Zeitgeistphänomen Sie sich einschwingen. Konzentrieren Sie sich auf eines, lassen Sie sich drauf ein, mit all Ihrer visionären Kraft. Vielleicht entwickeln Sie einfach eine Vision davon, was gerade Mode ist. Was ist gerade modisch angesagt? Welches kollektives Bild von Mann und Frau wird da gerade entworfen?

• Lassen Sie Ihre visionäre Kraft gemeinsam mit dem Zeitgeist schwingen – tauchen Sie ein in das Kollektiv. Egal, auf welches kollektive visionäre Geschehen Sie sich einschwingen, wichtig ist nur, dass Sie sich dafür öffnen. Dass Ihr drittes Auge mit einem wesentlichen Aspekt des dritten Auges des Kollektivs gemeinsam schwingt.

• Musik kann dieses Einschwingen unterstützen – und dabei kann beispielsweise ein Lied von Lady Gaga genauso hilfreich sein wie eines von Pink Floyd, wie ein Stück von Schönberg, Mozart oder Bach.

„Erleuchtung …" – Scheitel-Chakra

Im Scheitel-Chakra verschmelzen wir mit dem Kollektiv, um – über Zwischenstufen – Teil dessen zu werden, was die einen die „primäre Wirklichkeit" nennen, andere einen „ungeformten Urgrund". Es ist unnötig, hier um Vokabeln zu ringen. Bildhaft könnte man sagen: Wir lösen uns auf im Licht reinen Bewusstseins. Dieses Bild der Auflösung im Licht scheint für den Menschen eine Art von Archetypus darzustellen – eine Vorstellung, die tief im Kollektiven verankert ist und in verschiedensten Kontexten vorkommt, die mit Grenzerfahrungen zu tun haben. Menschen mit Nahtoderfahrungen beispielsweise, die aus dem Grenzbereich zwischen Leben und Tod zurückkehren, berichten – quer durch alle Zeiten und Kulturkreise – von diesem Licht. Und insbesondere Menschen, die meditieren, verbinden mit dieser Vision des Lichts evidente Erfahrungen. Sie berichten vom Licht, das von oben kommt, über den Kronenpunkt sich ergieße in den Menschen, während die Erdungsenergie von unten aufsteige. Die Erfahrung beginnt für viele mit dem Empfinden, dass eben jene lichte Energie von oben, also durch das Scheitel-Chakra, in den Körper fließt. Nach dem Scheitel-Chakra wird dann oft als Nächstes die visionäre Kraft des dritten Auges aktiviert, das gewissermaßen eine Art Übersetzungsmodul oder auch eine Schnittstelle für die Verbindung einer transpersonalen Energie mit unserem körpergebundenen Selbst darstellt; im weiteren erlebt der Meditierende dann, wie diese lichte Energie bis an die Basis durch den Körper zieht.

Das Scheitel-Chakra ist das Kraftfeld, in dem sich die Bindung an unsere existenzielle Basis auflöst, zu Gunsten einer neuen über- bzw. transpersonalen Bindung an eine wie auch immer zu verstehende größere Existenz. Der immer wieder auftauchende Schlüsselbegriff „Erleuchtung" für diese ultimativ höchste spirituelle Erfahrung des Wahrnehmens über uns hinausgehender Erfahrungen und Schwingungen meint ebendiesen Aspekt des intensiven Licht-Empfindens. Subjektiv erfahren wird dieses Geschehen oft als Moment, in dem sich Sorgen und Ängste – die außerhalb der Meditation scheinbar unüberwindbar erscheinen – relativieren oder gar auflösen. Hier wird eine Klarheit möglich, die viele der Bedingtheiten der menschlichen Existenz begreift, was eben einhergeht mit starken Empfindungen von Eingebettet-Sein in Licht – Erfahrungen, wie sie ähnlich auch im Kontext des Konsums bestimmter psychedelischer Drogen berichtet werden.

Selbst wenn das Erlebnis spiritueller Berührtheit gebunden sein sollte an ein zerebrales Areal, wie es jüngst die aktuelle Neurophysiologie mit dem sogenannten Gott-Modul entdeckt haben will, und selbst, wenn es sich dabei nur um ein biologisch verankertes Modul zum Schutz vor

Verzweiflung handelt – um einen „phylogenetischen Überlastungsschutz für das Gehirn"–, unbestritten ist, dass das Erlebnis spiritueller Erfahrungen die Menschen seit Jahrtausenden in allen Kulturen aufs Tiefste beeindruckt. Es ist nicht ganz einfach, über diese Erfahrungsdimension ideologisch unbelastet zu sprechen – denn es ist nun einmal so, dass dieser Bereich seit je Gegenstand religiöser oder weltanschaulicher Vereinnahmungen ist. Doch wesentlich ist: Unabhängig von solchen ideologisch-weltanschaulichen Weichenstellungen kann schlichtweg jeder Mensch die beschriebenen energetischen Bewegungen am eigenen Leib erfahren, der die persönliche Reife und Durchlässigkeit dafür erarbeitet hat. Als Vorbilder hat man hier die unterschiedlichsten Menschen: Männer wie Karlfried Graf Dürckheim oder auch Steve Jobs, Frauen wie Teresa von Ávila oder auch Nina Hagen. Und bei Jon Kabat-Zinn können wir nachlesen, wie heilsam diese Erfahrungen sind.[20]

Das Maß an spiritueller Schwingungsfähigkeit ist von Mensch zu Mensch außerordentlich unterschiedlich, und das ist auch gut so. Es ist ein gnädiger Aspekt des menschlichen Daseins, dosiert mit den höheren Ebenen der Existenz konfrontiert zu werden. Dazu ein Beispiel: Nicht wenige Theologen und Philosophen beschäftigt die Frage, inwieweit es reif und adäquat sein könnte, von der Vorstellung eines persönlichen Gottes zu einer Verallgemeinerung zu gelangen, in der der persönliche Gott bzw. die persönliche Göttin sich auflöst in den Ozean eines göttlichen Urgrundes. Solche Gedanken gibt es seit Jahrhunderten, aber sie haben immer nur wenige ernsthaft auf einer Erlebensebene beschäftigt, beispielsweise christliche Mystiker wie Meister Eckhard, Johannes vom Kreuz, Teresa von Ávila. Beispiele ergeben sich aber auch aus Erfahrungen westlicher Suchender mit buddhistischen Meditationslehren; ein solcher Mensch ist zum Beispiel Willigis Jäger, der mit großer Klarheit den Weg weist zum Abschied von einem persönlichen Gott.[21] Doch ein solcher Abschied, wenn man ihn denn möchte, ist in gewisser Hinsicht eine ganz persönliche Angelegenheit: Er kann nicht von außen als

---

20) Siehe z.B. Jon Kabat-Zinn, „Die heilende Kraft der Achtsamkeit" [Wherever you go there you are].
21) Siehe z.B. Willigis Jäger, „Die Welle ist das Meer".

„spirituell reif" quasi verordnet werden. Im Gegenteil: Vielen von uns – auch sehr aufgeklärten Geistern, die die traditionellen Grenzen kirchlicher Doktrin längst hinter sich gelassen haben – erscheint ein Universum ohne Gott erschreckend, unheimlich und einsam, und sie tun gut daran, sich diesem Schrecken nicht zu öffnen. Wie es ein weiser Mann, der sich Jahrzehntelang intensiv mit diesen Fragen beschäftigt hat, im Hinblick auf die Frage nach der Existenz eines objektalen Gottes sagt: „Ich weiß nicht, ob es stimmt, dass Gott nur eine Phantasie über die Natur der primären Wirklichkeit ist. Ich habe ihn einfach zu gern, um ihn jetzt schon aufgeben zu wollen." Er meint etwas sehr Kluges, nämlich: Um seiner Geborgenheit im Leben willen verbleibt er bei einer Gottesvorstellung, statt jene spirituellen Kräfte zuzulassen, die möglicherweise dazu führen würden, dass er seinen tiefen Gefühlen von Verlorenheit im Universum ausgesetzt wäre. Es ist eine sehr reflektierte, sehr reife Herangehensweise an spirituelle Fragen, die auf guter Selbstkenntnis beruht – darauf, dass er weiß, was er sich existenziell an spiritueller Energie zumuten kann oder nicht. Mit anderen Worten: dass er seine Grenzen kennt. Die meisten von uns gehen an diese Fragen nicht ganz so reflektiert heran, sondern haben diesbezüglich mehr oder weniger automatische Sicherungen, und wir tun gut daran, diese Sicherungen für unser eigenes Leben als kostbar zu würdigen und sie bei unseren Mitmenschen achtsam und liebevoll zu respektieren.

Blockaden, Schwierigkeiten etc. auf der Ebene des Scheitel-Chakras haben nicht selten mit dem Umstand mangelnder Erdung zu tun: Erfahrungen mit spirituellen Energien sind dringend auf das stabile Fundament durch die unteren Chakren, also das Basis-, Solarplexus- und das Sexual-Chakra, angewiesen.

Scheitern kann ein Lebensweg in spiritueller Hinsicht, wenn die Brücke zum Du auf dieser Ebene nicht wirklich trägt. Jeder Aufbruch ins Transpersonale bedarf zwingend der guten Erdung in tragenden, realen Du-Beziehungen. Fehlt es daran, kann es der Seele passieren, dass sie buchstäblich ins Nichts fällt, in die ultimative Einsamkeit. Es geht ihr dann so, wie Williges Jäger[22)] es am Beispiel des Psychotikers beschreibt: „Er wird im Meer der primären Wirklichkeit nicht schwimmen, sondern ertrinken." Um es noch einmal ganz klar zu wiederholen: Das A und O jeder spirituellen Reise, jeder Ausrichtung auf Erleuchtungserfahrungen ist: An erster Stelle hat die intime Vertrautheit mit dem eigenen Selbst zu stehen; dann bedarf es der wirklichen Erfahrung der Begegnung mit dem Du; und erst dann kann die Rede davon sein, das universelle Ganze zu erfahren. Dabei hat es insofern eine besondere Bewandtnis mit dem Scheitel-Chakra, als sich hier in gewisser Hinsicht durchgängig ein Bezogensein auf das umfassende Ganze manifestiert. Die Erfahrung der persönlichen Transzendenz geschieht hier unmittelbar, und zwar sowohl in der Begegnung mit dem Selbst als auch in der Begegnung mit dem Du als auch in der Begegnung mit dem Kollektiven. In gewisser Weise kann man sagen: Gleichgültig, ob wir einen Prozess im Bezug auf das Selbst oder einen Prozess im Bezug auf das Du analysieren, im Scheitel-Chakra treffen wir immer auf die dritte Art des Bezogenseins: den Bezug zum umfassenden Ganzen. Oder, im Bild der Brücke betrachtet: Gleichgültig, ob wir uns auf der ersten Brücke oder auf der zweiten Brücke befinden, im Scheitel-Chakra begeben wir uns in gewissem Sinn stets auf die dritte Brücke, die in diesem Fall bezogen auf die Erlebnisqualität am besten als die Brücke ins Universum bezeichnet werden kann. Wir werden an dieser Stelle zum Baum, dessen Wurzeln von unserer Basis bis ins Erdinnere reichen, dessen Stamm das Chakren-System birgt und dessen Krone über das Scheitel-Chakra hinaus ins Universum reicht.

Das Entscheidende ist – die Erfahrung machen wir immer wieder bei der Arbeit mit den Menschen, die sich uns anvertrauen, mit Gruppen und auch mit großen Organisationen: Man kann das Geschehen im Scheitel-Chakra begreifen als den jeweiligen Stand des Gleichgewichts jener beiden Kräfte, zwischen denen die menschliche Existenz sich grundsätzlich abspielt: dem tragenden Boden unter sich und dem lichten

22) Willigis Jäger, „Die Welle ist das Meer".

Himmel über sich. Jedes lebende System scheint durchflossen von einer Energie, die in der Basis eindringt und von dort mehr oder weniger kräftig, mehr oder minder ungestört nach oben fließt und die in all ihren Wandlungen die persönlichen Entwicklungsprozesse des Individuums von der unbewussten Basis bis zur lichterfüllten Bewusstheit des Scheitel-Chakras begleitet. Und parallel zu dieser Energie scheint jedes lebende System in einer Weise inspiriert zu sein von einer konstruktiven, lebens-erhaltenden Kraft, die in allen Kulturen als ein Licht beschrieben wird, das von oben kommt. Erfüllung und Glück hängen davon ab, dass diese beiden Kreisläufe ungestört miteinander fließen können und im Gleichgewicht sind.

Im Scheitel-Chakra stimmt der Satz, dass Geld nicht glücklich macht, der gleiche Satz im Basis-Chakra erscheint zumindest zweifelhaft.

Interessant ist, sich klar zu machen, wie sehr die Lichtkraft des Scheitel-Chakras auf jeder Ebene als Hoffnung geahnt wird. Auf der Basisebene wähnt der Hungrige das Schlaraffenland, auf der sexuellen Ebene die ultimative Verschmelzung, auf der Solarplexus-Ebene die Allmacht, auf der Herzens-Ebene das Eintauchen in einen Ozean der Liebe, auf der Kehl-Chakra-Ebene ahnen wir den Gesang der Engel, das dritte Auge zeigt uns die himmlische Vision, und im Scheitel-Chakra tauchen wir ein in das strahlende Leuchten.

Mit Blick auf psychisch-seelische Störungen und unseren exempla-rischen Fall des Burnout: In dem Moment, in dem diese Kräfte fließen, lösen sich Burnout-Phänomene – oft für immer – auf.

Übung · Scheitel-Chakra: „Die Pforte des Himmels"

Diese Übungsanweisung beschreibt etwas, das Sie immer wieder auf Ihrem Lebensweg versuchen können. Versuchen Sie es, wenn Sie gut vorbereitet sind im Sinne der „ersten" und im Sinne der „zweiten Brü-cke". Gut vorbereit sein heißt, Sie haben das Gefühl, dass Ihr Bezug zu sich selbst gut ist – Sie sind im alltäglichen Erleben mit sich selbst identisch und gut verbunden – und Sie fühlen sich von innen heraus, aus sich selbst heraus mit anderen verbunden.

• Zum Auftakt schenken Sie dem Bezug zu Ihrem Selbst noch einmal erhöhte Aufmerksamkeit; meditieren Sie dorthin, stärken Sie den Bezug zum Selbst und steigern Sie Ihre Durchlässigkeit.

• Begeben Sie sich nun in diesem Zustand entweder in eine Situation, in der sich eine Menge Menschen trifft zu einem gemeinsamen, intensiv verbindenden Erlebnis. Zu einem Erlebnis, geprägt von Kollektivität und Transzendenz. Das kann ein Feuerwerk sein oder ein Rock-Konzert, eine Gebetsveranstaltung oder ein Chorsingen – was auch immer. Versuchen Sie so intensiv wie möglich, alle Umgebungsreize loszulassen und sich einfach einzuschwingen auf das Jetzt – auf das gerade jetzt stattfindende Gemeinsame, Kollektive, Transpersonale.

• Oder Sie begeben sich, gut vorbereitet im Sinne der „ersten beiden Brücken", in andere transpersonale Räume: sei es die Stille eines Berggipfels, sei es ein Lazarett in Bangladesch, wo Sie Wunden versorgen.

• Wo auch immer – versuchen Sie, sich einzuschwingen auf das transpersonale Hier und Jetzt. Jonny Weismüller beispielsweise beschrieb dieses Erlebnis beim Blick in die Augen seines Tigers.

„Auf gutem Wege ...“: die Chancenvielfalt

W ir haben nun gemeinsam die Hauptschlagadern der Lebensenergie erkundet, wie sie sich aus dem existenziellen Bezogensein des Menschen ergeben: dem Bezug auf das Selbst, dem Bezug auf das
Du und dem Bezug auf das größere Ganze. Wir haben gemeinsam die
Kreisläufe und Ökosysteme der Lebensenergie angeschaut, die dafür wichtigen Konstellationen und Dynamiken – ganz im Sinne einer Strömungs-
lehre und auch einer Störungslehre der energetischen Phänomene.
Unentwegt, solange wir leben, sind diese Kreisläufe in Gang, ähnlich wie
im Körper der Blutkreislauf, die Atmung, der Stoffwechsel. Wir haben
die Störungen genauer betrachtet, die Ursachen und Erscheinungsformen
eines Mangels an Lebensenergie, resultierend aus Energiestauungen,
-blockaden, -verlusten.

Das Ergebnis einer solchen Störung ist immer von depressiver Qualität.
So kommt es zu einem Burnout-Syndrom oder aber zu einer psychischen
Symptom-Bildung im Sinne von Ängsten, Zwängen oder dergleichen.
Auslösend für Störungen kann jedwede Lebenssituation sein, die uns
fordert. Zu viel oder zu wenig Arbeit oder die falsche, Missachtung,
Demütigung, Lieblosigkeit in jedweder Form, bei der Arbeit, im Freun-
deskreis, besonders natürlich in der Liebesbeziehung. Eine Fülle von
inneren Prozessen kann unseren Energiefluss „verknoten“, Hemmungen,
Schuldgefühle, nicht überwundene Traumatisierungen, ungünstige Phantasien über uns selbst und die Mitwelt.

Bei unserer Betrachtungsweise des Burnout als exemplarischem
„Störungsfall“ kristallisiert sich eine ähnliche Erkenntnis heraus, wie sie

vor Jahren in der Inneren Medizin bei der Erforschung der Lungenentzündung auftauchte. Letztendlich kam man zu der Erkenntnis, dass eine Lungenentzündung die immer ähnliche Reaktion des Körpers auf eine Vielzahl unterschiedlicher Schädigungen darstellt; diese Erkenntnis hat damals die Erforschung dieser Krankheit revolutioniert. Vergleichbares gilt für den Burnout. Burnout-Syndrome sind weitestgehend gleich, unabhängig von den auslösenden Faktoren. Burnout ist in diesem Sinne also begreifbar als die immer ähnliche körperliche und seelische Reaktion auf eine Vielzahl von schädigenden Einflüssen auf den Fluss der seelischen Energie. Insofern enthält jede sinnvolle Burnout-Behandlung immer die folgenden beiden Aspekte: 1. Erkennen und, wenn möglich, Eliminierung, mindestens aber Linderung der schädigenden Einflüsse, 2. Wiederherstellung von Bedingungen, die es der seelischen Energie möglich machen, ihren Flow wiederzugewinnen. In beide Stoßrichtungen arbeiten die unterschiedlichsten Behandlungsansätze – wobei man bei diesen Behandlungsansätzen zusätzlich differenzieren kann; eine ganz grobe, allgemeine Unterscheidungsmöglichkeit ist beispielsweise die zwischen der psychologischen und der körperlichen Ebene, bei der man wiederum pharmakologische und körpertherapeutische Zugänge unterscheiden kann.

Wenn wir nun abschließend einige der wesentlichen Behandlungsverfahren auf diesen Ebenen beschreiben, geschieht das ohne Anspruch auf Vollständigkeit und insbesondere mit dem Anliegen, von der Fülle der verfügbaren Möglichkeiten zu erzählen. Es ist eine breite Palette, die uns heute zur Verfügung steht – und das ist gut so. Nicht etwa, weil die Erweiterung per se notwendigerweise eine Verbesserung ist, sondern der Gewinn dieser Erweiterung besteht in der Möglichkeit, zu wählen.

Grundfrage Nr. 1: Energiestau oder Energieverlust?

Ein breites Spektrum von Techniken und Theorien weisen die psychologischen Behandlungsverfahren auf – und wenn man dieses breite Spektrum in Bezug auf seine Binnendifferenzierungen genauer betrachtet, wird eine Grundfrage deutlich: An dem einen Pol des Spektrums befinden sich Vorgehensweisen, die vorwiegend erzieherisch und strukturierend sind. Der Gegenpol wird von Verfahren besetzt, deren Hauptanliegen kathartisch befreiend und entstrukturierend ist. In der Mitte könnte man solche Verfahren einordnen, die sowohl strukturierend wie auch kathartisch vorgehen, deren Anliegen aber besonders stark darin besteht, innere, strukturelle und emotionale Prozesse intellektuell nachvollziehbar zu machen – wobei die Einbindung des therapeutischen Prozesses in ein tiefes intellektuelles Verstehen für die Nachhaltigkeit der Behandlung grundsätzlich eminent wichtig ist.

Dass der Flow der Lebensenergie in verschiedenen Hinsichten gestört sein kann, heißt für den exemplarischen Fall des Burnouts: Seine Ursache kann, energetisch betrachtet, entweder der Stau des Energieflusses oder aber der Abfluss bzw. der Verlust der Energie ins Uferlose sein. Besteht nun die Störung eher im Energiestau, profitiert der Mensch meist mehr von Verfahren, die man als kathartische oder auch entstrukturierende einordnet. Besteht die Störung eher im Energieverlust, profitiert der Mensch meist mehr von strukturierenden Verfahren.

Interessant ist jetzt, dass sich Menschen mit rigiden Strukturen, deren Burnout eher im Stau zu suchen ist, mit strukturierenden Verfahren wohler fühlen, obwohl gerade die Lockerung ihrer Struktur die größte Chance auf Heilung böte. Umgekehrt schätzen strukturschwache Menschen besonders strukturauflösende Verfahren, weil die dabei mögliche Regression ihnen erlaubt, die Wandlungen zu vermeiden, die nötig wären, um Burnout zu überwinden; ihre Chance auf Heilung läge allerdings gerade in der Strukturierung.

Hans ist Banker. Ein Mann von Struktur und Disziplin. In einer Burnout-Krise suchte er psychotherapeutische Hilfe. Der Kollege stellte ihm Raum zur Verfügung, ganz ohne Agenda, denn das war es, was Hans brauchte.

Hans kam jedoch schnell zu der Ansicht, der Psychologe habe einfach keine Ahnung. Denn Hans' Vorstellung war, dass der Psychologe ihn lehre, wie das Leben geht, durch Ratschläge, Rezepte und Hausaufgaben. Was der Psychologe ihm stattdessen anbot, das „abwartende Herumsitzen" des Therapeuten hielt er für reine Zeitverschwendung, und er beendete die Therapie subito – in dem seligen Gefühl, bewiesen bekommen zu haben, dass von einer Psychotherapie nichts Sinnvolles zu erwarten ist. Er fuhr in Kur (Orthopädie), und es dauerte noch Jahre, bis er begriff …

Nicht selten kooperieren Therapeuten und Klienten lange Zeit darin, ausgerechnet das zu vermeiden, was für eine wirkliche Entwicklung am dringendsten nötig wäre.

Grundfrage Nr. 2: „Bin ich bereit, das Eintrittsgeld zu zahlen?"

Neulich traf ich jemanden, der mir nach vielen Jahren der Atemmeditationen gestand, er habe sich noch nie ernsthaft Mühe gegeben, die Anstrengung, wirklich tief zu atmen, auf sich zu nehmen. Er machte zwar immer irgendwie mit, beschwichtigte damit seine Therapeuten, profitierte auch ein wenig. Doch wirklich voran kam er nicht; alles, was geschah, blieb an der Oberfläche des Unverbindlichen.

Ein zweiter Befund – der nicht nur mit Blick auf die psychologischen Verfahren von Bedeutung ist, sondern im Grunde für alle Behandlungsmethoden: Es ist wichtig, sich einzulassen. Kaum jemand macht eine Diät, ohne dass wesentliche Teile seiner Seele darin investiert sind, sie zu umgehen. Nur die, die ohnehin sportlich sind, freuen sich auf ihre Übungen, der Rest meditiert über Ausreden. Jeder wäre gerne ein Mensch von hoher Spiritualität, aber die meisten sind nicht bereit, den Weg auf sich zu nehmen, der dafür nötig ist. Ganz tief innen weiß nahezu jeder, der im Burnout gefangen ist, wo die Tür offen wäre. Gleichwohl brauchen fast alle Menschen lange, bis sie sich entscheiden können, durch diese Tür – die ausnahmslos ein hohes „Eintrittsgeld" fordert – zu gehen.

Gerade Burnout-Behandlungen können einem nur dann effektiv helfen, wenn man bereit ist, sich mit allen Konsequenzen darauf einzulassen. Beispielsweise kehren unzählige Menschen aus einer psychosomatischen Kur unverändert heim. Sie haben die Zeit einfach dazu genutzt, die therapeutischen Angebote zu boykottieren, die Klinik schlechtzumachen, ihre Mitpatienten zu verachten und die Unveränderbarkeit ihrer eigenen Person zu feiern. Das ist tragisch. Die Tragik dieser Menschen besteht in der Unveränderlichkeit ihres Lebens, solange sie nicht darin gereift sind, über die Schwelle zu schreiten und ernsthaft damit zu beginnen, an sich zu arbeiten. Dies ist ein grundlegendes Faktum: Vor jeder ernsthaften Burnout-Behandlung liegt die Schwelle der systemerhaltenden Widerstände.

Die psychologischen Zugänge

a) Psychoedukation

Wir beginnen mit dem nach unserem Dafürhalten direktivsten Verfahren, der Psychoedukation. Hier geht es konkret darum, den Menschen mit pädagogischen Mitteln so zu erziehen, dass er sein Leben besser verstehe und mit den so gewonnenen Erkenntnissen sein Leben verändere. Der Behandelnde tritt in diesem Setting also auf in der Rolle der fachlichen Autorität, des Lehrers, der den Orientierung Suchenden über die Natur seines Leidens aufklärt. Vorausgesetzt, der Hilfesuchende ist wirklich bereit, dem Behandelnden die Autorität zuzubilligen, die nötig ist, um sich seinen Belehrungen und Erklärungen anzuvertrauen, kann das sehr hilfreich sein: Er bekommt Fehlverhaltensweisen benannt, die zu seinem Leiden beitragen, und Strategien vorgeschlagen, diese zu verändern. Nicht wenige Hilfesuchende genießen es, sich mit ihren Fragen über die Natur ihrer seelischen Erkrankungen nicht mehr alleingelassen zu fühlen, sondern endlich in ihrem Informationsbedürfnis ernst genommen zu werden, und vielen gelingt es ausgezeichnet, die erhaltenen Informationen klug zu nutzen und daraus gute Strategien für ihr weiteres Vorgehen zu entwickeln.

b) Verhaltenstherapeutische Methoden

Eine weitere Gruppe von Behandlungsverfahren ergibt sich aus den lern- und verhaltenstherapeutischen Methoden, bei denen versucht wird, störende Verhaltensweisen zu verlernen, neue in das Repertoire einzubauen und, insbesondere im Sinne der sogenannten kognitiven Umstrukturierung, destruktive Gedanken zu löschen und sie durch konstruktivere zu ersetzen. Ähnlichen Zwecken dienen Verfahren wie zum Beispiel das NLP[23] und große Teile der Hypnotherapie. Energetisch gesehen könnte man sagen, diese Methoden versuchen, energetische Blockaden oder „Lecks" durch das Implementieren von neuen Energieadern zu beheben und auf diese Art – quasi via Bypass – den guten Energiefluss herzustellen. In vielen Fällen sind diese Maßnahmen sehr wirksam, und es ist oft sehr erfreulich, wie schnell sie zur Linderung des Leidens beitragen können. Was man von diesen Verfahren nicht erwarten sollte, ist die Aufarbeitung der Grunddynamik, die erst zu den Störungen führte.

c) Aufdeckende Verfahren – die Klassiker

Will man die zugrunde liegenden Probleme bearbeiten, bedarf man hierzu der sogenannten aufdeckenden Verfahren – tiefenpsychologischer Zugänge, die auf der Grundlage der Biografie des Hilfesuchenden ebenso wie aufgrund der Analyse seiner aktuellen Systeme und deren Geworden-Sein versuchen, die Grundkonflikte zu erkennen und ihm zu helfen, diese ins Bewusstsein zu heben. Klassiker sind hier insbesondere die Psychoanalyse nach Sigmund Freud, die analytische Psychologie nach C.G. Jung, die Individualpsychologie nach Alfred Adler und die Transaktionsanalyse nach E. Berne. Aufdeckende Verfahren führen bei vielen Menschen zu einer so entscheidenden emotionalen Berührung, dass sie auf der Grundlage dieser Erkenntnis ihre destruktiven Lebensüberzeugungen verändern können. Auch emotionale Schmerzen können so bewältigt werden. Es setzt dann in vielen Fällen ein Heilungsprozess ein, der tiefe Persönlichkeitsschichten einbezieht und oft geeignet ist, die Burnout-Thematik dauerhaft zu eliminieren.

---

23) Neurolinguistisches Programmieren, s. Bandler und Grinder: „The structure of magic".

d) Fokus ›Begegnung‹

Die klassischen tiefenpsychologischen Zugänge haben maßgebliche Weiterentwicklungen erfahren, insbesondere im Kontext der humanistischen Psychologie.[24] Wegweisend ist dabei insbesondere die grundlegende Erkenntnis, dass der Kern jeder wirksamen therapeutischen Intervention in der erlebbaren und berührenden, heilenden Begegnung zwischen Klient und dem jeweiligen Behandler zu finden ist. Erlebte Begegnung im umfassenden Sinn stellt somit das Kernelement neuerer psychotherapeutischer Zugänge dar.[25] Das bedeutet, dass nicht nur der Hilfesuchende, sondern auch der Behandelnde sich – entsprechend dem auf Rogers zurückgehenden Konzept der Echtheit und der Kongruenz.[26] – als Teil der Begegnung versteht und wahrnimmt und eben jene Begegnung auf der Grundlage seines fachlichen Wissens, seiner Erfahrung, vor allem aber seiner eigenen Integration auf einer Metaebene anteilnehmend begleitet. Der energetische Flow, der in dieser Begegnung, wenn sie gelingt, stattfindet, ist die Energie, die analog zu einem Echophänomen im Klienten jene Blockaden durchlässig macht, deren erlebtes Überbrücktsein ihm in der heilenden Beziehung angstfrei erlebbar wird.

Die körperliche Ebene – medizinische Zugänge

Das Spektrum auf der Ebene körperlich-medizinischer Zugänge umfasst eine breite Palette mehr oder weniger direkter Eingriffe in die biochemischen Gleichgewichte des Körpers – dieses Zugangsspektrum gehört in die Hände des Facharztes.

a) Angstlösende und schlafanbahnende Medikamente

Medikamente haben oftmals ihre größte Bedeutung in der Krisensituation, die am Anfang einer Burnout-Erkrankung steht. Viele Menschen sind an diesem Punkt innerlich so voller Angst, dass diese erst zur Ruhe

---

24) Siehe z.B.: Irvin Yalom, „Existenzielle Psychotherapie".
25) Siehe z.B.: Wolfgang Krahé, Heinz-Jürgen Weigt,
„Wie geht es dir? Die heilsame Kraft der Begegnung".
26) Siehe z.B.: Carl R. Rogers, „Eine Theorie d. Psychotherapie, der Persönlichkeit und der zwischenmenschlichen Beziehungen", „Die nicht direktive Beratung"

kommen muss, ehe andere Behandlungsverfahren überhaupt möglich sind. Schlaflosigkeit ist beispielsweise ein gravierendes Symptom, das dem Burnout-Kranken seine restliche Energie nimmt und ihn verzweifeln lässt. Sowohl die Angst als auch die Schlaflosigkeit erzeugen heftige Gefühle von Hilflosigkeit und damit ausgeprägte Leidenszustände; in vielen Fällen ist der Einsatz angstlösender und schlafanbahnender Medikamente, zu denen auch manche Antidepressiva gehören, der probate Weg, um einen Menschen in solch einer Situation in kurzer Zeit aus seiner akuten Bedrängnis zu befreien.

Psychotherapeutische oder andere Maßnahmen sind oft im Anschluss daran sinnvoll, wenn der Mensch einigermaßen ausgeschlafen und angstfrei wieder in der Lage ist, sich mit seiner Situation adäquat auseinanderzusetzen.

b) Antidepressiva

Die zweite physiologische Ebene, auf die Psychopharmaka Einfluss nehmen, ist die Transmitterebene von Serotonin und Noradrenalin, beides Botenstoffe, die bei der Depression, aber auch bei vielen neurotischen Störungen und eben auch Burnout-Syndromen aus unterschiedlichen Gründen vermindert anfallen. Die neueren Antidepressiva sorgen, indem sie den Verbleib der Transmitter im synaptischen Spalt, also zwischen den beiden aufeinanderfolgenden Nervenzellen, verlängern, für ein vermehrtes Anfallen dieser Stoffe an den entscheidenden Stellen. Viele Menschen schildern die Wirkung dieser Medikamente so, dass sie den Eindruck haben, dass ihr Gehirn, das ihnen ausgeschaltet schien, wieder angesprungen sei. Dabei ist wichtig zu wissen, dass der Eintritt dieser Wirkung häufig erst im Verlauf der ersten zwei, manchmal auch vier Wochen sicher festzustellen ist.

Ohne die Hilfe der Psychopharmaka sind viele psychotherapeutische Behandlungen von vornherein aussichtslos. Dies klarzustellen ist umso wichtiger, als an diesem Punkt weltanschauliche Kämpfe toben, die nicht selten dazu führen, dass Menschen länger als nötig ohne adäquate Hilfe in der Burnout-Hölle verharren.

Gerade im Bereich der Psychopharmaka trifft man auf eine gigantische Flut an Fehl- und Falschinformationen – verbreitet insbesondere via Internet. Das ist eine insofern sehr destruktive Informationsflut, als hier teilweise völlig irrationale Ängste geschürt werden. Diese Ängste treiben die ohnehin von ihrer Angst gequälten, geradezu paralysierten Burnout-Patienten manchmal für lange Zeit in völlige Erstarrung und Verzweiflung. Selbstverständlich ist die Autonomie des mündigen Patienten, gerade im Bereich der Psychopharmaka, ein wichtiges und schützenswertes Gut. Doch wer lange genug im Bereich der Psychiatrie tätig gewesen ist und daher die Zeit noch kennt, als es diese modernen Medikamente noch nicht gab, kann gar nicht anders als voller Freude und Dankbarkeit registrieren, dass die Medizin im Bereich von Ängsten, Depressionen, aber auch von Psychosen große Fortschritte gemacht hat. Gleichwohl profitiert nicht jeder gleichermaßen von Psychopharmaka; manchmal braucht es viel Zeit und Einzelfallerprobungen, bis das richtige Medikament gefunden wird.

c) Hormone

Eine dritte pharmakologische Ebene ist die Behandlung mit Hormonen. Eine Seite eines Burnout-Geschehens besteht eben oft gerade darin, dass die „Treibstoffe des Lebens“ abnehmen. Die Lebensenergie kann dann gut fließen, wenn ihre Trägerstrukturen adäquat mit dem versorgt sind, was dem Fließen unabdingbar zu Grunde liegt. Noch vor wenigen Jahren galt es als Kunstfehler, wenn eine Frau nach der Menopause nicht mit Hormonen versorgt wurde. Hormone führen dazu, dass Frauen länger gesund und vital bleiben, sich psychisch wesentlich stabiler und besser fühlen. Dann wurde in einer Studie: »Women Health Initiative«, JAMA 202; 288(3):321-333 festgestellt, dass die Hormongabe unter zahlreichen anderen negativen Begleiterscheinungen zu einem Anstieg der Brustkrebserkrankungen nach der Menopause führt. Daraufhin wurde die

Hormonsubstitution in den Wechseljahren auf breiter Front geradezu abgeschafft. Eine der Folgen besteht neben dem Verzicht auf die oben beschriebenen günstigen Wirkungen auch im Auftreten heftiger und ohne Hormone nur sehr schwer behandelbarer Depressionen. In diesem Zusammenhang wird deshalb, trotz vorhandenem Risiko, von manchen Autoren die Kombination von Antidepressiva mit Hormonsubstitution diskutiert.[27]

Maria Beckerman[28] kommt 2012 in ihrer Bilanz der Hormontherapie 10 Jahre nach der WHI-Studie zu einer klaren Absage an Hormongaben aus präventiven Gründen, da die Studienlage eindeutig zeige, dass die Nachteile die Vorteile überwiegen.

Es bleibt weiterer Forschung vorbehalten, abschließend zu klären, ob die äußerliche (transdermale) Anwendung günstigere Ergebnisse bietet. Gleichwohl sollte bei einer postmenopausalen Frau mit therapieresistenter Depression die zusätzliche Hormongabe erwogen werden.

Hormone als die „Treibstoffe des Lebens", die ja nicht nur für Frauen, sondern auch für Männer lebenswichtig sind – auch Männer erfahren das problematische Absinken des Hormonspiegels –, sind ein weites Feld, das zurzeit aus vielen neuen Perspektiven ins Blickfeld gerät; Stichwort: natürliche Hormontherapie.[29] Sie lassen sich außer über die pharmakologischen auch über andere körpertherapeutische Zugänge mehren, zu denen wir nun kommen.

Körpertherapeutische Zugänge

Neben den rein medizinischen Maßnahmen gibt es eine breite Palette von Behandlungsformen, die bei Burnout sehr nützlich sein können, welche sich direkt dem körperlichen Zustand widmen. Allen ist gemeinsam, dass sie versuchen, den Körper in ein Gleichgewicht zu bringen bzw. ihn in einen Zustand zu versetzen, der es der Lebensenergie erleichtert, zu

---

27) Siehe Louann Brizendine, „Das Weibliche Gehirn".
28) Siehe Beckermann, Maria J., „Postmenopausale Therapie mit und ohne Hormone: Was in der Praxis zählt", Dtsch Arztebl 2012; 109(33-34)
29) Siehe z.B.: Annelie Scheuernstuhl, „Natürliche Hormontherapie: Alles Wissenswerte über Hormone, die ihre Gesundheit nebenwirkungsfrei ins Gleichgewicht bringen können".

fließen. Auch hier spielen die Neurotransmitter eine gewaltige Rolle, weil zumindest alle heftigeren Eingriffe in Körperhaltung, Bewegung, Atmung und dergleichen das Endorphinsystem in Gang setzen, das als natürliches Opiat eine der euphorisierensten und damit eine der bekanntesten antidepressiven Substanzen darstellt. Es ist eine Palette, die sich insbesondere erstreckt über Übungen aus Yoga, Meditation und die Vielfalt von Entspannungsverfahren.

a) Entspannungsverfahren

Hierher gehören die progressive Muskelrelaxation nach Edmond Jacobsen, das autogene Training und die Meditation, soweit sie vorwiegend dazu dienen soll, innerlich zur Ruhe zu kommen und eine neutrale oder eine distanziertere Position zu den drängenden Problemen einzunehmen. Sowohl das autogene Training als auch die Meditation sind in tieferem, spirituellem Sinne gute Beispiele dafür, wie körperliche Einflüsse emotionale und spirituelle, energetische Veränderungen bewirken können.

Gleiches gilt für die Atemtherapie, die in ihren körpernahen Schichten, je nach Schule, der Physiotherapie ähneln kann. Dabei bietet sie gleichzeitig das Potential, mit ungeheurer Verve tiefe emotionale Prozesse auszulösen und so energetische Blockaden zu sprengen, was, kompetent durchgeführt, ausgesprochen heftige kathartische Durchbrüche ermöglicht, die bei manchen Burnout-Erkrankungen außerordentlich hilfreich sein können. Es gibt eine Vielzahl derartiger Verfahren; bekannt sind z.B. das Rebirthing nach Orr und das holotrope Atmen nach Grof und die inegrative Atemtherapie nach Platteel-Deur.[30]

b) Yoga und Meditation

Ein außerordentlich hilfreiches Verfahren, das an der Schnittstelle zwischen Körper und Psyche greift, und dem wesentliche Teile unsers Wissens über die oben beschriebenen energetischen Phänomene entspringen, ist Yoga. Yoga bietet die ganze Palette vom körperlichen Bewusstsein durch

30) Platteel-Deur, Tilke: Die Kunst der integrativen Atemtherapie, Verlag der Rheinländer, 2009.

angeleitete Übungen über Atemarbeit bis hin zur mentalen Entspannung. Die konzentrierte und achtsame Herstellung von körperlichen Positionen (Asanas), verbunden mit tiefen, vollen, gelassenen Atemzügen, bietet optimale Bedingungen für den Beginn energetischer Prozesse. Durch die Achtsamkeit der Atemführung in den einzelnen Yoga-Positionen und eine aufmerksame Beobachtung können wir im Yoga in eine Meditation gelangen, gleichsam Meditation in Bewegung. Interessant ist außerdem: Yoga wird eine ganz erhebliche Palette konkreter Wirkungen zugesprochen, die in der Folge auch am Hormonspiegel ablesbar sind.[31] Beispielsweise gelten im Westen als Yoga-Klassiker bekannte Übungen wie die sogenannten „Fünf Tibeter" oder der „Sonnengruß" in dieser Hinsicht als ausgesprochen effektiv.

c) Körperbezogene Psychotherapien

Ein weiterer wesentlicher Bereich sind die körperbezogenen Psychotherapien. Besonders wesentlich sind hier die bioenergetischen Schulen um Wilhelm Reich und Alexander Lowen. Im Bereich der Trauma-Therapie, welche bei Burnout-Patienten oft indiziert ist, kann an dieser Stelle noch das Somatic Experiencing[32] benannt werden. All diese Verfahren kann man in gewisser Hinsicht auch als psychologische Verfahren einordnen; sie arbeiten sehr produktiv an der Grenze zwischen Körper und Seele.

d) EMDR

Ein Verfahren, das ebenso wie das Somatic Expierencing in der Traumatherapie entwickelt wurde und im Zwischenbereich von körperlichen und psychologischen Zugängen anzuordnen ist, ist das auf Shapiro[33] zurückgehende EMDR (Eye movement disensitation and reprocessing). Umfangreiche Forschung der letzten Jahrzehnte hat EMDR als eines der wirksamsten neueren Therapieverfahren validiert. In der Behandlung von

---

31) Ein Klassiker ist z.B.: Dinah Rodrigues, „Hormon-Yoga. Das Standardwerk zur hormonellen Balance in den Wechseljahren".
32) Peter Levine: Sprache ohne Worte: Wie unser Körper Trauma verarbeitet und uns in die innere Balance zurückführt.
33) Francine Shapiro: Eye Movement Desensitization and Reprocessing (EMDR).

Burnout-Prozessen hat EMDR besonders große Relevanz deshalb, weil viel der oben geschilderten Burnout-Gründe vermutlich auf physiologischer Ebene die Dimension von Traumata haben. Diese können oft mit diesem Verfahren in ausgesprochen kurzer Zeit, schonend für den Klienten und nachhaltig aufgearbeitet werden.

Zum Schluss: Die spirituelle Sicht?

Auch spirituelle Zugangswege zur Behandlung psychischer Krisen haben im Grundsatz Heilungspotential, denn im Wesentlichen hängt das Wohlergehen, die Lebenskraft stets von der jeweiligen Anbindung der Seele an eine energetisch relevante Instanz ab. Der indische Gruß *jah-bag-wan* sagt es: Eine wahrhaft erlebbare Begegnung enthält immer auch ein Moment einer Begegnung mit dem – wie auch immer benennbaren – Göttlichen.

Da Verbundenheit immer auch Rückverbundenheit, also *religio*, sein kann und entsprechende Ressourcen erschließt, können auch spirituelle Lehrer, Zen-Meister, weit fortgeschrittene Yogis, ebenso wie Vertreter aller anderen Religionen, Wesentliches dazu beitragen, einer Seele zu ihrer Verwirklichung zu verhelfen. Gerade in diesem Bereich besteht indes die Gefahr, dass die energetische Befreiung nur scheinbar stattfindet, dass die Seele eines Menschen unter dem Signum der spirituellen Befreiung weltanschaulich vereinnahmt wird.

Dies ist einer der wesentlichen Gründe, weshalb wir uns in unserer Arbeit als Therapeut oder Coach so sehr bemühen, ideologiefrei zu sein. Unser zentraler, vielleicht einzig relevanter Wert besteht in der Parteinahme für die Befreiung der Menschen, die uns vertrauen, zu dem Leben, das ihrer Intention entspricht, was immer diese auch sei. Anders als es manche Weltanschauung unterstellt, haben wir nie die Erfahrung gemacht, dass wirkliche Befreiung Destruktion nach sich zöge. Wir glauben daran – und das dürfte das einzige Glaubensbekenntnis dieses Buches sein –, dass in jedem Menschen ein konstruktiver Weg naturgesetzhaft angelegt ist.

Nachwort

Dieses Buch erhebt in keinster Weise Anspruch darauf, irgendwelche Wahrheiten zu verkünden, haben wir eingangs gesagt: weder psychologische noch spirituelle, weder religiöse noch politische Wahrheiten. Und darauf möchten wir nun zum Schluss noch einmal zurückkommen.

Manchmal wird als Gegenstück zum Begriff der Wahrheit der Begriff „Märchen" ins Spiel gebracht. Und so gesehen hat vielleicht, was wir in diesem Buch gesagt haben, auch etwas von einem Märchen. Und unsere eigene Lebenserfahrung zeigt, dass es ein gutes Märchen ist. Dass es ein Märchen ist, das bewegt, so wie sich alle Märchen daran messen müssen, ob sie bewegen oder nicht. Jede Generation hat sozusagen ihre Märchen – und letztendlich haben sie alle, in diese oder jene Richtung, wesentliche Prozesse in Gang gesetzt. Sicher ist die Psychoanalyse voller Märchen, die Politik, alle Religionen ebenso wie die Psychologie und die Pädagogik. Wenn wir begreifen, dass das, woran wir uns orientieren, Märchen sind, und Märchen verstehen als brauchbare Hypothesen über einen Weg, der vor uns und noch im Dunkeln liegt, wird es uns leichter fallen, unser eigenes Märchen zu leben, ohne es allzu ernst zu nehmen. Und es schenkt uns vielleicht auch eine Leichtigkeit im Umgang mit den Märchen der anderen. Wenn unser Buch dazu einen Beitrag leisten könnte, hat es seinen Sinn erfüllt.

Wir wünschen Ihnen die Kraft, sich Ihrem persönlichen Märchen anzuvertrauen und dieses davor zu beschützen, als „Bluff" diffamiert zu werden.

Literaturempfehlungen

■ Anand, Margo: Der Weg zur Ekstase, Die Sexualität des neuen Menschen. Berlin: Simon&Leutner 2008

■ Arnet, Werner: Emotionale Kräfte wecken. Seminarreihe. Berlin: Emologos 2011

■ Berne, Eric: Spiele der Erwachsenen. Psychologie der menschlichen Beziehungen. Reinbek: Rowohlt 2002

■ Bion, Wilfred R.: Aufmerksamkeit und Deutung. Tübingen: Edition Discord 2006

■ Blanck, Gertrude/ Blanck, Rubin: Angewandte Ich-Psychologie. Stuttgart: Klett-Cotta 1998

■ Brizendine, Louann: Das Männliche Gehirn. Hamburg: Hoffmann und Campe 2010
– Das Weibliche Gehirn. Hamburg: Hoffmann und Campe 2007

■ Carle, Eric: Die kleine Raupe Nimmersatt. Hildesheim: Gerstenberg-Verlag

■ Cantieni, Benita: Tigerfeeling. Das sinnliche Beckenbodentraining für sie und ihn. München: Südwest-Verlag 2003

■ Castaneda, Carlos: Die Reise nach Ixtlan. Frankfurt am Main: Fischer 2009
– Das Wirken der Unendlichkeit. Frankfurt am Main: Fischer 2000
– Die Lehren des Don Juan: Ein Yaqui-Weg des Wissens. Frankfurt am Main: Fischer 2011

■ Chopich, Erika J.: Die Aussöhnung mit dem inneren Kind. Berlin: Ullstein 1998

■ Dethlefson, Thorwald: Krankheit als Weg. München: Goldmann 2000

■ Die Bibel. Nach der Übersetzung Martin Luthers. Bibeltext in der revidierten Fassung von 1984. Hg. v. d. Evangel. Kirche in Deutschland. Stuttgart: Deutsche Bibelgesellschaft. 1. Brief an die Korinther, Kap. 13, Vers 13

■ Dürckheim, Karlfried: Wunderbare Katze und andere Zen-Texte: Frankfurt am Main: O.W. Barth 2001

■ Enke, Helmut: Psychotherapeutisches Handeln. Grundlagen, Methoden und Ergebnisse der Forschung. Stuttgart: Kohlhammer 1983

■ Fengler, Jörg: Helfen macht müde. Zur Analyse und Bewältigung von Burnout und beruflicher Deformation. München: Pfeiffer 2002
– Burnout-Prävention im Arbeitsleben: Das Salamander-Modell. Stuttgart: Klett-Cotta 2013
– Das kleine Buch gegen Burnout – Die besten Strategien gegen Stress und Erschöpfung. Ostfildern: Patmos Verlag 2013

■ Frankl, Victor E.: Der Mensch vor der Frage nach dem Sinn. München: Piper 2008

■ Freud, Sigmund: Totem und Tabu: Einige Übereinstimmungen im Seelenleben der Wilden und der Neurotiker. Frankfurt am Main: S. Fischer 1991

■ Fromm, Erich: Die Kunst des Liebens. Frankfurt am Main: Ullstein 1990

■ Gigerenzer, Gerd: Risiko: Wie man die richtigen Entscheidungen trifft. Gütersloh: C. Bertelsmann Verlag 2013

■ Goleman, Daniel: Emotionale Intelligenz. München: Hanser 1996
– Emotionale Führung. Berlin: Ullstein 2003
– Dialog mit dem Dalai Lama. München: Hanser 2003

■ Grof, Stanislav: Das Abenteuer der Selbstentdeckung. Reinbek: Rowohlt 1994

■ Gruen, Arno: Der Verrat am Selbst. Die Angst vor Autonomie bei Mann und Frau. München: dtv 1993

■ Hellinger, Bert: Ordnungen der Liebe: Ein Kursbuch. Heidelberg: Carl-Auer Verlag 2013

■ Hesse, Hermann: Siddhartha. Frankfurt am Main: Suhrkamp 1994

■ Hofmann, Arne: EMDR: Therapie psychotraumatischer Belastungssyndrome. Stuttgart: Thieme 2005

■ Jacobson, Edmund: Entspannung als Therapie. Stuttgart: Klett-Cotta 2002

■ Jäger, Willigis: Die Welle ist das Meer. Freiburg im Brsg.: Herder 2000 – Westöstliche Weisheit. Stuttgart: Theseus 2007

■ Johannes vom Kreuz: Sämtliche Werke: Die Dunkle Nacht: Bd 1 & 2. Freiburg: Herder 1995

■ Jung, Carl Gustav: Wandlungen und Symbole der Libido. München: dtv 1998

■ Kabbal, Jeru: Quantensprung zur Klarheit. Bielefeld: J.Kamphausen 2008

■ Kabat-Zinn, Jon: Die heilende Kraft der Achtsamkeit. Freiburg: arbor 2004 – Wherever you go there you are. New York: Hyperion 1994

■ Kaufmann, Rudolf A.: Ängste Phobien und andere unnötige Lasten. Kröning: Asanger 2002

■ Kempler, Walter: Erlebnisaktivierende Familientherapie. Paderborn: Junfermann 1989

■ Klein, Melanie: Das Seelenleben des Kleinkindes und andere Beiträge zur Psychoanalyse. Stuttgart: Klett-Cotta 2006

■ Kernberg, Otto F.: Innere Welt und äußere Realität. Stuttgart: Klett-Cotta 1989

■ Krahé, Wolfgang Dr.: Feuermeditation CD, Königswinter 2008

■ Krahé Wolfgang/Weigt, Heinz-Jürgen: Fusionen im Lichte der OPTh, Oscar Newsletter 2005
– Wie geht es dir? Die heilsame Kraft der Begegnung. Magdeburg: Klotz-Verlag 2010

■ Koestler, Arthur: Der göttliche Funke. Bern: Scherz 1966

■ Konfuzius: Die Weisheit des Konfuzius. Frankfurt am Main: Insel-Verlag 2004

■ Kopp, Sheldon B.: Triffst Du Buddha unterwegs. Frankfurt am Main: S. Fischer 2006

■ Levine, Peter: Sprache ohne Worte: Wie unser Körper Trauma verarbeitet und uns in die innere Balance zurückführt. München: Kösel-Verlag 2011

■ Long, Barry: Sexuelle Liebe auf göttliche Weise. Saarbrücken: Neue Erde 2004
– Nur die Angst stirbt. Bielefeld: J.Kamphausen 1989

■ Lorenz, Konrad: Das sogenannte Böse. München: dtv 1992

■ Mardorf, Elisabeth Dr.: Es kann doch kein Zufall sein! München: Kösel-Verlag 2002

■ Malik, Fredmund: Strategie des Managements komplexer Systeme. Bern: Haupt 2003

■ Martens-Schmid, Karin: Die „ganze" Person im Coaching – Ambivalenzen und Optionen, OSC 1/2007

■ Meister Eckhart: Wunder der Seele. Ditzingen: Reclam 1986

■ Miller, Alice: Das Drama des begabten Kindes. Frankfurt am Main: Suhrkamp 1997

■ Moeller, Michael Lukas: Die Wahrheit beginnt zu zweit: das Paar im Gespräch. Reinbek: Rowohlt 1997

■ Moses, Paul Josef: Die Stimme der Neurose. Stuttgart: Thieme 1956

■ Neumann, Erich: Amor und Psyche. Düsseldorf: Walter-Verlag 2004

■ Odier, Daniel: Begierde, Leidenschaft und Spiritualität. Köln: Innenwelt Verlag 2002

■ Orr, Leonard: Das Rebirthing Buch. Burgrain: Koha 1996

■ Osho: Liebe, Freiheit und Alleinsein. München: Goldmann 2006

■ Paul, Margaret: In Chopich, Erika Perls, Frederick S.: Das Ich, der Hunger und die Aggression. Stuttgart: Klett-Cotta 2006

■ Perls, Frederick S.: Ego, Hunger and Aggression: A Revision of Freud's Theory and Method. U.S.: Gestalt Journal Press 1992
– Gestalt Therapy Verbatim. Gestalt Journal Press 1992

■ Platteel-Deur, Tilke: Die Kunst der integrativen Atemtherapie. Verlag der Rheinländer 2009

■ Pollak Kay: DVD „Wie im Himmel", Regie: Kay Pollak. Paramount Home Entertainment 2006

■ Polster, Ervin u. Miriam: Gestalttherapie: Theorie und Praxis der integrativen Gestalttherapie. Wuppertal: Hammer 2001

■ Rackham, Neil: Spin Selling. New York: McGraw-Hill 1988

■ Ram Dass: Sei jetzt hier. Berlin: Sadhana Verlag 1996

■ Rank, Otto: Das Trauma der Geburt und seine Bedeutung für die Psychoanalyse. Gießen: Psychosozial-Verlag 2007

■ Reich, Wilhelm, Die Entdeckung des Orgons. Köln: Kiepenheuer & Witsch 1987

■ Richardson, Diana: Zeit für Liebe: Sex, Intimität und Ekstase in Beziehungen. Köln: Innenwelt-Verlag 1994

■ Riedel, Jens: Coaching für Führungskräfte. Darin: Sandra Foster zu EMDR, Dissertation. Wiesbaden: Deutscher Universitäts-Verlag 2003

■ Rodrigues, Dinah: Hormon-Yoga. Das Standardwerk zur hormonellen Balance in den Wechseljahren. Darmstadt: Schirner Verlag 2005

■ Rogers, Carl R.: Die nicht direktive Beratung. Eine Theorie d. Psychotherapie, der Persönlichkeit und der zwischenmenschlichen Beziehungen. Köln: GwG 1989

■ Saint-Exupery, Antoine de: Der kleine Prinz. Düsseldorf: Karl Rauch Verlag 1998

■ Scheuernstuhl, Annelie/ Hild, Anne: Natürliche Hormontherapie. Bielefeld: J.Kamphausen 2010

■ Schmidbauer, Wolfgang: Coaching in der Psychotherapie, Psychotherapie im Coaching, OSC 1/2007

■ Schwartz, H. S.: Psychodynamics of political correctness, Journal of Applied Behavioral Science, 33 (2), 1997: 133–149

■ Shapiro, Francine: EMDR – Grundlagen und Praxis: Handbuch zur Behandlung traumatisierter Menschen. Paderborn: Junfermann 2012

■ Seneca: Vom glückseligen Leben und andere Schriften. Ditzingen: Reclam 1986

■ Senge, Peter: Die fünfte Dimension. Stuttgart: Klett-Cotta 1996 – Presence. New York: Currency 2005

■ Shah, Idries: Die drei Wahrheiten: Weisheitsgeschichten der Sufis. Freiburg i. Brsg.: Herder 2007

■ Sheldrake, Rupert: Das schöpferische Universum. Berlin: Ullstein 1999

■ Schmidt-Lellek, Christoph J.: Charisma, Macht und Narzissmus, OSC 1/2004

■ Schreyögg, Astrid: Coaching. Eine Einführung für Praxis und Ausbildung. Frankfurt am Main: Campus Verlag 2012

■ Simkin, James S.: Gestalttherapie, Gik, Gestalt-Institut Köln. Wuppertal: Hammer 2003

■ Teresa von Ávila: Die innere Burg. Zürich: Diogenes 2006

■ Thich Nhat Hanh: Ärger. München: Goldman Arkana 2007

■ Tipping, Colin C.: Ich vergebe: Der radikale Abschied vom Opferdasein. Bielefeld: J.Kamphausen 2004

■ Tolle, Eckhart: Jetzt! Die Kraft der Gegenwart. Bielefeld: J.Kamphausen 2004

■ Watzlawick, Paul: Anleitung zum Unglücklichsein. München: Piper 1983

■ Wilber, Ken: Eros, Kosmos, Logos. Frankfurt am Main: S. Fischer 2001
– Integrale Psychologie. Freiburg: arbor 2001
– Integrale Spiritualität. München: Kösel-Verlag 2007
– Wege zum Selbst. Östliche und westliche Ansätze zu persönlichem Wachstum. München: Goldmann 2008

■ Winnicott, Donald, W.: Reifungsprozesse und fördernde Umwelt. Gießen: Psychosozial-Verlag 2006

■ Wurmser, Leon: Die Maske der Scham. Magdeburg: Klotz-Verlag 2007

■ Yalom, Irvin D.: Die rote Couch. München: Btb 1998
– Existenzielle Psychotherapie. Bergisch Gladbach: Kohlhage 2005
– Theorie und Praxis der Gruppenpsychotherapie. Stuttgart: Klett-Cotta 2005

Dank

Ein Buch wie dieses ist die Summe zahlloser Geschenke, die uns, den Autoren, im Laufe unseres Lebens zuteilwurden. Ohne unsere Freunde, Kollegen, Patienten und Klienten, die uns Einblick in die Tiefe ihrer Seele gewährten, hätten wir das meiste nie verstanden. Diesen unseren Wegbegleitern und Lehrern sind wir in tiefer Dankbarkeit verbunden.

Ein großer Dank geht an Bernadette Langer, die uns inhaltlich von Anfang an begleitete mit ihrem ausgezeichneten Wissen, Ihrem Sachverstand und Ihrer Freundschaft.

Sehr ermutigt hat uns die Anerkennung und Wertschätzung unseres Buches durch unseren langjährigen Lehrer und Freund Werner Arnet, dessen Wissen und Weisheit unser beider professionelles Tun gerade in jenem Bereich, der über den therapeutischen Mainstream hinausgeht, besonders bereichert hat.

Auch ohne unsere Freunde, die uns ermutigt haben und tatkräftig halfen bei der Durchsicht und Korrektur unseres Manuskriptes, wäre das Buch nie fertig geworden. Besonders erwähnen möchten wir an dieser Stelle Klaus Weeber sowie Katja Krahé, die uns mit Engagement, Sachverstand und Liebe zur Seite standen.

Danke ebenso an Philipp Arnold, Marianne Gamp, Kerstin Lawrenz, Maria und Dieter Meiners und Carola Schmidt, für wesentliche Anregungen, vor allem aber auch für Eure engagierte Freundschaft.

Es ist leider ganz unmöglich, all jene zu erwähnen, die uns bei der Entwicklung des Buches als unterstützende „Geister" begegnet sind. Ihrer sein an dieser Stelle voll Dankbarkeit gedacht.

Adele Gerdes hat als Lektorin wesentlich zur sprachlichen Verbesserung, zu Struktur und Inhalt beigetragen. Ihr Engagement war uns in vielen Situationen eine spürbare menschliche Unterstützung.

Ein besonderer Dank geht an Joachim Kamphausen und Anne Petersen für die kompetente und freundliche Unterstützung auf dem Weg zur Veröffentlichung im Verlag J. Kamphausen.

Jörg Fengler hat unserem Buch durch sein einfühlsames und kompetentes Geleitwort eine wunderbare Unterstützung zuteilwerden lassen.

Ein besonderer Dank geht an unsere Frauen, liebe Katja, liebe Brunhilde, unser Weg geht immer weiter. Wir teilen mit Euch das nie endende Lebensseminar, das alle Brücken oft gerade in der Belastung, aber auch im freudig tänzerischen erkennbar macht und dessen Fazit am Horizont allmählich geahnt werden kann: Ein lebenslanges Ringen kann in einem Sieg gipfeln, der keine Besiegten hinterlässt.

Die eigentliche Siegerin ist die Liebe.

Wolfgang Krahé
Heinz-Jürgen Weigt
im Sommer 2013

Über die Autoren

Dr. med. Dipl.-Psych. Wolfgang Krahé, Jahrgang 1950: Sein Lernweg begann mit dem Studium der Psychologie, sein Interesse galt den Verfahren der humanistischen Psychologie und später der systemischen Paar- und Familientherapie. In diesem Zusammenhang faszinierte ihn die Arbeit mit Gruppen. Seit Ende der 70er Jahre begleitet er unter anderem Teams aus vielen Bereichen als Coach und Supervisor. Nach dem Ende seines Medizinstudiums lernte er während verschiedener Facharztausbildungen die psychoanalytisch/psychodynamische Sichtweise kennen ebenso wie die verhaltenstherapeutische im Rahmen seiner Ausbildung zum Sexualtherapeuten.

Seitdem liegt der Schwerpunkt seiner Arbeit auf der Entwicklung einer schulenübergreifenden, integrativen Psychotherapie, die durch eine ideologiefreie spirituelle Haltung, zu der ihm jahrelange Meditationspraxis verholfen hat, zusätzliche Tiefe gewinnt. Sein beruflicher Alltag gestaltet sich in der Weise interdisziplinär, dass er als Facharzt für Neurologie und Psychiatrie sowie als Facharzt für Psychosomatische Medizin und Psychotherapie gemeinsam mit seiner Frau Katja eine psychiatrisch-psychotherapeutische Praxis betreibt.

Ein Schwerpunkt dabei ist neben der Einzeltherapie die Arbeit mit Gruppen und Paaren. Als Supervisor begleitet er Kollegen und Teams aus mehreren Bereichen.

Gemeinsam mit Heinz-Jürgen Weigt erarbeitete er die Organisation-psychotherapie, und gemeinsam betreiben sie Bridge into life PartG, beruhend auf der Konzeption des Bridging, das ihrer Ansicht nach der immensen Bedeutung von Begegnung – mit dem Selbst, mit dem Du und mit dem Ganzen – in jeglichen menschlichen Entwicklungsprozessen als Interventionsinstrument Ausdruck verleiht. Ihre Aufmerksamkeit liegt auf dem Potenzial der Lebensenergie, darauf, Menschen und Unternehmen dabei zu begleiten, Energieblockaden und Energieverluste auszumachen und den Energiefluss zu bahnen und zu unterstützen – in Erfahrungs-schritten, die gut und angstfrei machbar sind. Als Orientierung nutzen sie das Leitbild der drei Brücken, der Brücke zum Ich, der Brücke zum Du und der Brücke zum Ganzen.

Dipl.-Ing. Heinz-Jürgen Weigt, Jahrgang 1952: Nach dem Studium der Ingenieurswissenschaften folgte eine Berufslaufbahn im internationalen Anlagenbau als Projektleiter. Später folgten verschiedene Aufgaben in Management u. a. als Geschäftsführer mittelständischer Unternehmen.

Als Führungskraft war es ihm schon früh ein Anliegen, ökonomische und humanitäre Interessen ins Gleichgewicht zu bringen. Im Lauf der Jahre setzte er sich mit einer Fülle unterschiedlicher Managementmodelle auseinander. Wegweisend war eine langjährige und tiefgreifende Selbsterfahrung und Weiterbildung in der Gestaltarbeit.

Durch die Zusammenarbeit mit Dr. Wolfgang Krahé konnte er sich die Sichtweise der psychotherapeutischen Wissenschaften aneignen. Es folgte ein intensives Studium philosophischer und organisationstheoretischer Literatur, besonders wichtig war für ihn die intensive Auseinandersetzung mit den Gedanken von Ken Wilber, Irvin Yalom und Peter Senge.

In seinem heutigen Tätigkeitsbereich bei Bridge into life als Coach, Trainer und Unternehmensberater wird das beschrieben Wissen zum erlebbaren Tun. Seine Leitmotivation: Führung ist eine Sonderform von Begegnung.

Neugierig geworden? Hat Sie das Buch berührt?

In unseren Seminaren bieten wir Ihnen die Gelegenheit Lebensenergie, ihre Blockaden und ihre Öffnung intensiv zu erleben. Folgen Sie uns auf dem Weg vom Verstehen zum Wissen. Nähere Informationen zu uns, den Inhalten unserer Seminare, zu Terminen und Kosten finden Sie auf unserer Homepage: **www.bridge-into-life.de**

Dr. Wolfgang Krahé
  Dr.med., Dipl. Psych.
  Facharzt für Nervenheilkunde
  Facharzt für Psychosomatische Medizin und Psychotherapie
  Psychologischer Psychotherapeut
  Supervisor DGSv, BDP
  Trainer für Gruppen- und Organisationsdynamik DGGO

Heinz J. Weigt
  Dipl.-Ing.
  Business Coach
  Organisationsberater

ZU WUNDERBAR, UM PERFEKT ZU SEIN